Compilada por

Gladys María Montolío

Colección Poética

LACUHE 2024

Colección Poética
LACUHE 2024

LACUHE Ediciones
Copyright © 2024

ISBN: 9798327864375

LACUHE Ediciones
Web Site y contacto: www.lacuhe.com
lacuheediciones@gmail.com
1 (347) 993 4218

Compilación: Gladys María Montolío

Portada, diseño interior y cuidado de edición: Equipo de LACUHE Ediciones.

Esta obra ha sido realizada con la colaboración de 20 autores; cada uno de ellos hace constar que los poemas entregados para ser publicados en esa colección son de su autoría y pueden demostrarlo.

Queda rigurosamente prohibida, bajo las sanciones establecidas en las leyes, la reproducción total o parcial de esta obra en su modo y contenido (incluyendo el diseño tipográfico y de portada), sea cual fuere el medio o procedimiento: electrónico, mecánico, químico, grabación u otros, sin el consentimiento previo y por escrito del autor. La infracción de dichos derechos puede constituir un delito contra la propiedad intelectual.

Impreso en los Estados Unidos de América.

Prólogo

The Latín American Cultural Heritage (LACUHE) se enorgullece al presentarles la VIII Colección Poética LACUHE 2024. Esta obra agrupa la poesía de grandes poetas hispanoamericanos; hombres y mujeres entregados
a la hermosa tarea de labrar el verso y la estrofa. Ya es una tradición anual para LACUHE, presentarla en nuestra Feria Internacional del Libro y este año no ha sido la excepción. Ya es esperada por el público y todos los escritores que se presentan en esta grandiosa fiesta literaria y por supuesto, los que en ella participan.

Estos poetas provienen de diferentes países y culturas, cuyos sentires y esencias expresan no sólo su pensamiento poético, sino también las voces de los pueblos que representan; lo anterior florece al alcance de los lectores en
esta selección poética.

Previo a la presentación de los poemas de cada autor, hemos incluido una breve reseña, con el ánimo de que antes de adentrarse en el deleite de su lírica, conozca primero su fuente creadora, y de esta forma podemos compenetrarnos más con el discurso. Los veinte (20) participantes representan a países como Argentina, Colombia, España, India, México, Perú, Puerto Rico, República Dominicana y Venezuela.

Los poemas diseminados a lo largo de esta obra tratan diversos temas y estoy más que segura que serán del agrado de sus lectores, ya que la calidad de estos poetas es incuestionable. En su mayoría, los autores de esta antología no viven en su país de origen, por lo que asumen la voz y el discurso de una diáspora, que es en sí mismo, un grito que clama por las tradiciones y costumbres dejadas en el terruño amado; distante, pero nunca ausente. Es de ahí que se desprende el aliento de nostalgia como característica general del decir poético de los autores.

Matizado, además, por la evocación a la libertad, al amor, los sentimientos, y en fin, todas las inquietudes que anidan en el ser humano.

"Para mí la poesía no ha sido un propósito, sino una pasión" (Edgar Allan Poe), esta es una expresión que se adapta a la intensión poética de los autores de esta nueva edición de la Colección Poética LACUHE, quienes han puesto su mayor empeño en verter en sus poemas, los sentimientos más recónditos anidados en sus corazones.

Albergo la esperanza de que esta obra satisfaga el interés de los lectores y sea una huella literaria imborrable.

Gladys María Montolío
Presidente y fundadora
LACUHE

Índice General

Prólogo .... pg. 5

1. **Juan Matos** 13
   - *Del delirio sutil* 15
   - *De mis incendios* 16
   - *Dos de la mañana — y vino* 17
   - *Doce navajas — infierno de boleros* 18
   - *Del amor crepuscular* 20

2. **Gladys Acevedo** 21
   - *El encuentro* 23
   - *Quería tirar la toalla y tiré la pared* 24
   - *Escritos a la vera de mi alma* 26
   - *Las tardes* 27
   - *De lluvias y ventanas* 29
   - *Flores y ventanas* 30

3. **Marisa Trejo Sirvent** 31
   - *Pernoctando en ti* 33
   - *Vendrás* 34
   - *El mar* 35
   - *Río abajo* 36
   - *La piedra eterna de las ruinas* 37
   - *El tiempo es transparente* 38

4. **Aurora Fuentes Rodríguez** 40
   - *Los sentidos del silencio* 41
   - *Espacio Vacío* 42
   - *Polifonía en un paraíso plomizo* 43
   - *Entre penumbra apenas fortaleciente* 45

   Habitad sosiego... 47
   Romántica seducción musical............................ 48

5. **Benjamín García** 49
   Dintel de la nostalgia.. 51
   Tentativa de ausencia... 52
   Ausencia.. 53
   Inescrutable.. 53
   Polvo en la memoria... 54

6. **Conrado Zepeda Pallares**................................... 55
   Anticuario.. 56
   Extravagancia.. 56
   Orden y progreso... 56
   Genealogía.. 57
   Canción para renacer... 60
   La verdad oculta.. 62
   Mientras afuera llueve... 64

7. **Jeanette Rodríguez Colón**................................... 66
   Me anclé a ti... 67
   Rojo Viento... 71
   Entregados.. 72
   Paixão.. 73
   Encuentro contigo... 74

8. **María Isabel Dicent**... 75
   Valentía.. 77
   Quiero.. 78
   Esencia.. 79
   Cautivo.. 80
   Subconsciente.. 82

Bajo el sol de primavera..................................... 85

9. **Mariesther I. Muñoz Phi**............................. 86

Ojos risueños.. 87
¿Ojos de sal?... 88
Dime qué entiendes 89
Viste de rojo 90
El Amazona vittata 91
Una docena de días 93

10. **Nicolás Gutiérrez Henríquez**...................... 96

Necesito.. 97
Aquel delirante anhelo.................................... 99
Crucifixión... 101
En medio del delirio... 104
Epifanía de Diosa.. 106
No me resigno.. 108

11. **Rini Ghosh**... 109

La voz escondida... 110
La lluvia de la esperanza................................ 111
La espera... 113
Huérfano.. 114
Mis recuerdos... 115

12. **Samuel Acosta Ynoa**..................................... 116

Madre Tierra... 118
De silencio a silencio....................................... 119
Volverte a ver... 120
Imperfecta Figura... 122
Convertida en huesos...................................... 124
El Anillo.. 126

Soy Black, I am Negro..................................... 128

13. **Nilton Maa**... 129
Donde estuvo mi casa................................. 131
Recuerdos Marchitos................................. 133
Ahora 135
La mentira.. 138
Frente a tu fuego....................................... 139
Charco atemporal..................................... 141

14. **Gustavo Franco**................................... 142
Olor a ti... 143
Dominicano... 145
Otro ser... 147
Elección... 149
Libro Único.. 150

15. **Solángel Román**................................... 151
Innombrable 152
Febril Pudor... 153
Noche Gris.. 154
Un Todo que Gime................................... 155
Mi Sino.. 156
"Ola Soberbia"... 157

16. **Cristián Camilo Bolívar**..................... 158
El Mar en un Burdel................................. 159
Un teatro llamado vida........................... 160
El Peor Error.. 161
La Sonoridad de mi Sueño 162
Busco una Luna... 164
Quinto Sermón de la Poesía................... 165

17. Fernando Gudiel 167

Vida Caracol 168
Tras el evento infausto 169
Retazos nostálgicos de marzo 170
Los búhos melancólicos 171
Esperar por ti un silencio 172
Ven…Acércate 173

18. Francisco Rodríguez Buezo 174

Tardes de Invierno 175
El olvido 177
Atardeceres 178
El tiempo 179
Mar y Arena 180

19. Gladys María Montolío 181

Sensibilidad 183
Distancia 184
Desmembrado 185
Espinas de cristal 186
Líbame 187
Y Zas 188
Estragos 190

20. Ana Rita Villar 191

Las cosas que nos habitan 192
En la luz de tu mirar 193
Detrás de tu mirada 194
La dama y el cazador 196
Laberinto de emociones 197
La patria soñada 199

Colección Poética LACUHE 2024

Juan Matos

Nació en 1956. Educador y activista cultural residente en Lunenburg, Massachusetts. Emigró de la República Domincana en 1985. Fue seleccionado Poeta Laureado de la Ciudad de Worcester (2020-22) y sirvió compartiendo y promoviendo la poesía en centros comunitarios, escuelas, universidades y otras instituciones; además impartiendo talleres de escritura creativa para los jóvenes. Ha escrito numerosos poemarios, la reciente trilogía de poemarios: *Con pecado concebido -Selección de poemas de amor; Temblor de espejos-Selección de poemas sociales y Labrador de palabras -Prosas poéticas escogidas*; fue publicada en el 2021. La tercera edición ampliada de *The Man Who Left/El hombre que se fue* (edición bilingüe con traducciones de Rhina Espaillat) fue publicada en el 2022. Matos es egresado de la Universidad Autónoma de Santo Domingo (UASD) con grado Licenciado en Química; ha completado Maestría en

Educación Elemental en Lehman College, NY; y Maestría en Educación Bilingüe en Worcester State University. Cursó estudios de literatura en la Universidad Complutense de Madrid y en la Universidad de Alcalá de Henares, en España. Se retiró de Worcester Public Schools tras 35 años como docente de ESL y Literatura española e hispana. Es miembro de la Junta Directiva de Latino Educational Institure, en Worcester, MA. Su página literaria oficial es juanmatospoeta.com

Del delirio sutil

Juan Matos

Sólo tú, mujer de piel a piel.
Sólo tu boca, camino de tu boca.

Sólo tú, frente al espejo fiel
—orfebre fundidor del anhelo que brota
              a la luz de tu ser—
eres, mujer, ese certero envés de mi existencia.

Yo vivo incrustado en tu corteza,
asido de ti como perenne hiedra.

¡Ah de tu esencia!
Mies de mi sustento.

Sólo tú, mujer, de piel a piel...

Canto por ti al vívido estallido que aquí,
en el ardiente lecho de los sedientos eros,
nos dilata las ansias de enamorados fieros
nos remonta a las tardes de colegiales días
y nos da ese milagro de amarnos todavía

con delirio sutil, sin desesperos...

Colección Poética LACUHE 2024

De mis incendios...

Juan Matos

*"No puedo dormir. No puedo dormir,
atravesada entre los párpados tengo una mujer"*
            -Eduardo Galeano-

Ahí te van los incendios que insomnian mi madrugada. Locuras que alimentan y fermentan mi sino. Más allá de la raíz, del desatino emerges como tormenta que se ahuella en todos los resquicios mos quiebra con sus ojos el espejo que soy —mejor digo, la aproximación de aquél que ves. Duelo mortal provocas entre la imagen y el Otro, con tan sólo mirarla sin reparar en ella. Y es que sabes llegarle traspasando su iris con el leve aleteo que surge de tus labios. Sismos silentes se encorbatan detrás del espejo, en la docilidad hirviente del delirio. Ebrio de tu duende, estallo como fantasma que busca construirte en sus sintagmas. Vano empeño. Se funden en tu amor estos desvelos y no me queda más que remitirte estos infiernos.

Dos de la mañana —y vino

Juan Matos

Dos de la mañana y vino. Atragantado en el delirio de la noche sin pavesa, este otoño se desliza entre tus aguas. Aguas abajo habita el sueño concebido en el óleo de una entrega que no llega. Empero, cruje entre sienes abiertas el infierno que en verso y voz se bachatea en el dulce dolor del imposible. Dos de la mañana y soles en el pecho ahogan la sed de sed en un desierto de respuestas que se escudan tras la formalidad de tus entornos. Arde la epidermis como testigo de temblores compartidos y sin embargo, vorazmente es reprimida por un alud de absurdos vestido de ecos mudos. Amordazada lengua se escuda tras los pentagramas del bole-ro infinito. ¿A quién decirle estos insomnios? Dos de la mañana y te me haces inmensa en la brevedad de tu cintura. Alerces los suspiros sin cordura, alerces los desvelos en los que sueño los caminos de tus ansias. En tanto, extraño soy a tus riberas... Y sin embargo, aguas abajo —-desnudo de metáforas, te habito subversivo y sin preaviso. Las dos en el reloj y tú en mi memoria: besosvinos coronan tus pezones hasta el alba...

Colección Poética LACUHE 2024

Doce navajas —infierno de boleros

Juan Matos

*"Yo a tu lado no siento las horas que van con el tiempo
ni me acuerdo que llevo en mi pecho una herida mortal
yo contigo no siento el sonar de la lluvia y el viento
porque llevo tu amor en mi pecho como un madrigal"*
              -Rafael Hernández-

Doce navajas-versos surcan su corazón. Arrítmico sentir —ágil, se ondea del delirio a la sombra que asoma e inquieta su razón. Una ambigua actitud intenta disfrazarle la sed. Tiembla. Se aferra a la compostura. Sin embargo, el bolero se ahiedra con el viento. Embriágale el oído y el ojo de la hembra eclipsa la mirada de mujer —ya no serena... Íntima magma danza al sigilo del acechante fuego. Subversiva locura se violenta a la altura discreta del pezón. Fluye desde sus puntas el río de temblores enhebrados al son. El ritmo vence. En contubernio, voces-besos le guitarrean la nuca y un hasta nunca arremete al qué importa. Ella es ella —y lo sabe. Se descubre a sí misma al espejo desnudo de luces. Define el paso de sus carnes sin reparar en cruces. Alada, ahora el ansia aflora a la altura del alba. Madrigal embriagante —la noche que se pariera a solas— a golpes de miradas sugiere el rumbo de los cuerpos. El ojo de la noche atestigua la entrega que, de piel a piel se enhebra en las concavidades. El silencio, interrumpido por jadeos convexos, sorbo a sorbo degusta vino-amor destilado del sudor de las caricias. Sigiloso y sutil, el roce del rocío cae sobre la hierba.

Allí subyace la avidez. Adentro, más allá de sus destinos, hembra y macho sin leyes ni adjetivos, ciegos a los dedos índices, sin golpes de pecho, sin prisa, sencillamente, con sobriedad del hecho se descuartizan sobre el lecho.

Colección Poética LACUHE 2024

Del amor crepuscular

Juan Matos

—A Alma, en nuestro duelo.

Sucede que se ama también cuando la pena
estalla de repente, volándonos el pecho
cupido lo presiente y se ausenta del lecho
y del llanto se hace eco, siente tristeza plena

sabe que enfrente tiene dos corazones rotos
que el amor puede otear desde otro umbral
que el amor ahora boga por ajeno caudal
en dos barcas parejas con iguales pilotos

ambos amores viajan heridos en el alma
Eros, también quebrado, se destierra silente
asiente sabiamente invernarse con calma.

Y es que el amor sufrido suele ser muy valiente
detrás de la corteza hay un sentir que empalma
que cuida, y acompaña a su otra simiente.

Gladys Acevedo

Escritora, escultora, artista plástica, hacedora cultural y conferencista internacional. Nació en Goya, Corrientes, tiene tres novelas publicadas, «*Curuzú*», «*La rebelión de los infieles*» «*Las tres muertes de Camila*», y la colección de cuentos «*Cien cuentos para el Pombéro*». Coordinó dos Antologías Internacionales: «*Primera Antología Internacional de Poesía y Ficciones Hispanoamericanas, con rescate de lenguas madres*» y «*Antología Internacional de Mitos y Leyendas*».

Fundadora y directora del Museo Gauchesco Curuzú y del Museo de Mitos y Leyendas Guaraníes en la ciudad de Goya. Presidente fundadora de la Asociación Mundial de Escritores Latinoamericanos, entidad sin fines de lucro que tiene por objeto la promoción y fomento de autores literarios nóveles como así también la administración de un ámbito de desarrollo de actividades artísticas y culturales.

Embajadora de la Paz por Argentina, nombrada en España y Suiza.

En 2023 recibió el Doctorado Honoris Causa por la Fundación Universidad Hispana de Perú.

El encuentro

Gladys Acevedo

Tengo ganas de encontrarte
en una esquina cualquiera,
que choquemos sin querer nuestros cuerpos
o nuestra mirada,
que nos reconozcamos de otras vidas
o si eso no existe, simplemente de esta.
Pero que nos reconozcamos.
Yo te diré: "qué bueno encontrarte y que a vos
también te guste la lluvia, pisar las hojas de otoño
y escuchar el crujir entre los pies descalzos,
perder la vista en el río y los ocasos,
los viajes locos por el mundo, el ronroneo de los gatos,
el ver bailar un tango o sentarte a oscuras en el jardín a
tomar una cerveza mientras miras a la luna".
Y tú me dirás:
"me gusta la libertad de los caballos,
las caminatas a la hora de la siesta por donde habitan
las raíces desnudas,
los barcos anclados,
el intentar subir a una montaña
sin que te den los pulmones,
el navegar días sin rumbo,
el silencio sublime de los escritores,
sus dedos bailando como locos por sobre el teclado y el
espiar por sobre su hombro lo que escribe.
Me gustan las esquinas porque están llenas de sueños y
sorpresas.

Quería tirar la toalla y tiré la pared...

Gladys Acevedo

Y allí estaba ella,
la joven Camila sentada delante del piano
con su vestido a rayas de última vez,
escapada del daguerrotipo que se empeñó
en conservar su memoria.
Allí estaba toda para mí, su semblante blanco
aun oteando el amor,
sus dedos rígidos rastreando
vaya a saber qué añoranzas en el teclado.
Así fue como la encontré,
perdida dentro de la esencia misma
de su propio Santuario,
superponiendo su mundo de amores
contrariados al mío, que había sido
cruelmente devastado.
Yo también acababa de ser apuñalada
por la espalda por mi propio Michael
Gannon.
Mientras caían los escombros, fui descubriendo
a la heroína del amor
en su esencia más pura.
Es que Santuario es mucho más profundo
de lo que parece,
en él hay cientos de recovecos aún por descubrir,
me atrevería a decir que es la inercia de la vida misma
cabalgando sin tregua
a campo abierto,

sin alambrados que delimiten los caminos
de a quien debes encontrar.
Santuario es el sueño más profundo del hombre,
el impulso originario del ser,
el primer llanto y el último suspiro.
Todos somos la misma esencia eterna que se repite una y
otra vez.

Escritos a la vera de mi alma

Gladys Acevedo

De ratos estoy en ti, de ratos en mí.
Voy y vengo una y otra vez.
De a ratos pienso y de ratos te olvido,
no con la seguridad de las olas del mar
sino con la angustia de un náufrago
que no encuentra su orilla.
Supongo que habrá un antídoto para esta manía
loca de pertenecernos en ausencias,
sin tiempos y sin espacios.
Yo llevo en mi pecho un pedazo de ti,
tú tienes la otra mitad.
No sé en qué momento caerán los desencuentros,
no sé en qué atardecer nos unirá la eternidad.

Las tardes

Gladys Acevedo

Las tardes son las tardes
en todas partes del mundo,
el ocaso que se aproxima a la ventana
y nos cachetea el alma,
el sonido de los niños a lo lejos sonando igual
y también el de los pájaros
gritando siempre el mismo nombre
desollando las esperanzas.
Las tardes son las tardes
en todas partes del mundo,
los colores que se impregnan siempre
de melancolía, el cielo pujando por
expulsar los naranjas y violetas
en un parto de rutina silenciosa
y hasta a veces cruel en que nos recuerda
el tiempo que se nos va al carajo,
los desacuerdos no resueltos, los amores en la distancia que
nunca regresan,
como si los hubieran tragado
todas las tardes de la tierra.
Las tardes son las tardes
en todas partes del mundo,
los pájaros volando a no sé qué parte,
los camiones en la ruta yéndose siempre,
el agua del río corriendo rápido
hacia el mismo horizonte.

Las tardes son las tardes
en todas partes del mundo,
en todas ellas me llevan a una velocidad sin tregua,
es un vórtice gigante tragando mis penas.
Las tardes son las tardes matándome de a poco.

De lluvias y ventanas

Gladys Acevedo

Hay lluvias que suenan a tambores,
que vienen con un no sé qué
de nostalgias en el bolsillo,
que te invitan a soñar y al disfrute del amor
o lo que queda de él.
Hay lluvias, espejos que te someten a la evocación de
instantes felices
o a la crucifixión en el palo mayor de los desencantos.
Hay otras, en cambio, que son atrevidas y vivaces,
que te llenan de primavera y aunque no te mojan te gritan
nombres a escondidas,
se cuelan en las ventanas de tu cuarto y te remojan las
cartas de amor que tienes bajo la almohada.
Hay lluvias frías y crueles que vienen de prepo con su
guadaña de recuerdos.
Hay lluvias felices, locas, que sólo saben a estampidas de
esperanzas.

Flores y ventanas

Gladys Acevedo

No hay un segundo en que no estás,
las cosas parecen crearte
o tú creas las cosas desde aquella distancia tan tuya,
tan llena de caprichos.
Ayer vi volar un búho y parecía que venías a visitarme
en sus alas
o cuando el atardecer va cerrando la ventana
que tanto te gustaba.
Me pregunto si sigues amando las ventanas,
si quieres te volveré a dejar las ventanas de tu lado para que
te hagan feliz o te juntaré las piedras
que juegan con el agua de los ríos.
Sé que no eres feliz allí dónde estás,
que te engañas más que nadie,
pero tus ojos hablan por sí solos,
si te sirve de consuelo yo tampoco soy feliz.
Creo que todas las ventanas del mundo están tristes.
Nos extrañan a rabiar.
Mira, cada vez que despierto desde mi ventana
puedo observar flores amarillas.
No sé, pensé que te gustarían tanto
como los atardeceres.
Por eso siembro atardeceres también,
por si algún día regresas.

Colección Poética LACUHE 2024

Marisa Trejo Sirvent

(Tuxtla Gutiérrez, Chiapas, México, 1956). Escribe poesía, cuento y ensayo. Ha publicado los poemarios: *Rojo que mide el tiempo* (Instituto Chiapaneco de Cultura, Tuxtla Gutiérrez, 1989), *Juegos de soledad* (COBACH, 1994); Dos voces chiapanecas (1999); *La señal de la noche* (libro colectivo, UNAM, México, 2000); *Jardín del paraíso* (Toluca, UAEM, 2000); *Dame mi soledad* (Viento al hombro, 2003); *Cantigas escritas por el viento* (El Aleph digital, 2010); *La hora en que despertamos juntos* (2011), *Tiempo de Cantos* (2014) publicados en Galicia, España; *Canciones del mar y de la luna* (2018, Puerto Rico), el poemario *Luz de papel* (2022, CONECULTA). Ha coordinado tres antologías poéticas, entre ellas la *Antología de poetas chiapanecos del siglo XX. Árbol de muchos pájaros* y de la *Antología de poesía erótica* escrita por mujeres en lengua castellana, *Al filo del gozo* (Viento al hombro, Guadalajara, 2007) y la antología de mujeres *Pequeña antología para el amado*. Sus poemas, artículos y ensayos se han publicado en periódicos y revistas a nivel nacional e internacional, así como en las antologías nacionales e internacionales. Parte de su obra ha sido traducida al francés, inglés, portugués, italiano y checo. Ha sido jurado en certámenes latinoamericanos de poesía.

Pernoctando en ti

Marisa Trejo Sirvent

Porque la palabra tiene la capacidad del recuerdo,
porque he buscado justificaciones al silencio
cuando tenía la pupila del corazón insomne.
Porque los transeúntes tenían tu misma mirada triste,
hago de este oficio,
Incitación al verso en noche de febrero incomprensible,
el ansia indagadora que haga constar la integridad
del sentimiento.
Hoy voy a escriturar en el papel
-cómplice en la ansiedad-
aquello que nunca pronuncié
de madrugada, pernoctando en ti,
cuando nos fumábamos la vida buscando colillas.
Éramos dúctiles y sin embargo,
La pluma descifra mejor los recuerdos, amor.

Vendrás

Marisa Trejo Sirvent

No tengo ganas de arreglar el cuarto
donde descansaremos o haremos el amor
(según el ánimo, la luna llena
el tráfico con que te hayas enfrentado).
Debería hacerte de comer, lavar los trastes,
así como llevé tu traje a la tintorería.
Pero hoy no tengo ganas de hacer esas cosas,
de vivir el lugar común en que vegeto
junto con las vecinas de abajo y de arriba.

El viento de la tarde me recordó el mar,
después vino la lluvia y con ella los sueños.

Hoy quisiera acostarme sobre la arena húmeda;
navegar hasta que el cansancio nos deje a la deriva;
liberarme de las cuatro paredes de la rutina;
amanecer sin prisa, buscar leña
y hacer una fogata a la orilla de un río;
aprender los caminos de tus ojos
como si fueran los de un desconocido;
navegar o convertirme en espuma,
en alga, en estrella de mar, en erizo; pero ya ves,
tu burocracia sólo me da la posibilidad del sueño
y aunque somos amantes, yo cada vez te siento
más esposo y menos compañero.

El mar

A Raúl Garduño

Marisa Trejo Sirvent

"Conduce el mar un carruaje de pájaros
la mujer desnuda mira desde el puerto
la embarcación ardiente
a la luz de la luna se construyen las islas
martillos suenan como la frialdad
como el aviso de la resurrección".
Raúl Garduño.

Siempre hablabas del mar
a veces
hace tiempo,
no existe el mar,
no existe siempre.
Sobrevive la espuma
como una mancha azul,
indiferente.
Los pájaros perdieron su carruaje
la luna como un cirio
ilumina tus islas
y todo cambia
y nosotros,
los que permanecemos,
no tenemos
sino la arena, el faro
y en los ojos la sal.

Colección Poética LACUHE 2024

Río abajo

A José Luis Ruiz Abreu, Efraín Bartolomé y Oscar Wong.

Marisa Trejo Sirvent

Naturaleza muerta entre los lirios
donde asoma el lagarto
que extingue su nostalgia
de flora sepultada
en aras del progreso.
Las pinturas murales,
testimonios ahogados
con zonas arqueológicas
donde el faisán escapa a otras montañas,
lejos del ruido de los motores
que transitan ahora ahuyentando la fauna.
Corriente calculada para volverse luz,
energía que lleva un cauce nuevo
donde el rumor del agua
es tan sólo un recuerdo
y el río se vuelve lago
donde antes se rompían
mil cristales de agua entre las rocas.
Sólo la iguana quieta
contempla el árbol seco
en la mitad del río.

La piedra eterna de las ruinas

Para Marisa Giséle y Luis Antonio

Marisa Trejo Sirvent

Volver sobre mis pasos
Amar bajo la fronda verde agua
Sentir la brisa suave de la selva
Las hojas que se rozan
Olor a barro fresco
A planta joven
A musgo antiguo
El aroma de lirios que cuelgan
De grandes guayacanes
La maleza que entierra
Tesoros de los mayas
El viento que guarda
La memoria de otros años
Que parece que vuelven del pasado
Mientras el río desciende
Pausadamente
Como la imagen del Dios maya
sobre la piedra eterna de las ruinas.

El tiempo es transparente

Marisa Trejo Sirvent

Años después
el tiempo es invisible
transparente
sólo tu imagen permanece
te nombra transparente
como el aire secreto
da vueltas sobre mí
me hace llorar a veces
me incomoda en momentos
me sale a saludar
en mañanas tranquilas
tu humedad me despierta
en madrugadas
me sale al paso en las esquinas
me hace llegar al mar
en madrugadas
acariciar
la forma de tu espalda.

Años después
como el aire sin rumbo
a mis espaldas
sin rumbo te apareces
en los sueños
detrás de las ventanas
la tarde deja besos, jazmines

en mis sábanas blancas
es la vida que vuelve
la vida que se moja
los pies en una playa.

Años después
Viene y se va descalza
Es el sol que se aleja
en transparencias lilas
húmedas y moradas
se aleja en transparencias
que hieren el recuerdo
de días inútiles
de transparente espera
transparencias.

Aurora Fuentes Rodríguez

(Aury Fuentes). Escritora, poeta y cuentistas. Ha publicado cuatro novelas, un prosario y participado en más de cien antologías de cuento y poesía nacionales e internacionales. Sus textos han sido traducidos a varias lenguas originales. Certificada en más de treinta diplomados de literatura. Tallerista. Juez en diferentes concursos literarios nacionales e internacionales. Promotora cultural nacional e internacional. Representante en México de ICI España. Administradora de Mundo Literario Universal. Socia Honoraria, administradora, coordinadora de Hacedores Literarios Perú y Tallerista de libros con causa Biblioterapia, España.

Los sentidos del silencio

Aurora Fuentes Rodríguez

La mirada serena en afonía, es observar unos labios sellados guardando sensatos secretos ancestrales. {Cruje el sosiego y su presencia llena el espacio con una paz profunda. [(Ella habla sin palabras, susurra sabiduría en la quietud de la noche e invita a escuchar con el corazón). El reloj llora lágrimas de nostalgia en su silente abrazo. (¿Acaso debo encontrar la calma para reflexionar y la fuerza para escuchar lo que no se dice?). El mutismo autoimpuesto, es un lienzo en blanco esperando ser llenado con las notas de la vida. (Yo, escucho afonía degustando disimulados secretos, masticando sordera, olfateando calma con una paciente mirada de soslayo y palpando su sentir en una tremebunda quietud). Shhh, mira: es un lenguaje sutil que habla a través de los sentimientos, una paleta de emociones que se despliega en la ausencia de sonidos. (En su quietud, se agudiza el tacto del viento, el aroma del entorno y el andar de sombras en la penumbra cobra protagonismo)]. Este sigilo me sumerge en reflexiones profundas, donde el eco de mis pensamientos resuena con mayor claridad}. Un universo de sensaciones se revela en la calma invitando a escuchar más allá de lo audible y a descubrir la riqueza que yace en la serenidad.

Espacio Vacío

Aurora Fuentes Rodríguez

La anchura de los confines en la vastedad donde el silencio ronda... Un intervalo vacuo se ha abierto. En el lapso libre del tiempo, los torrentes de la libertad fluyen sin restricciones. Las horas se disuelven en anchura como notas musicales en el aire, creando una sinfonía de oportunidades en la partitura del presente 🎵♪♫♩♪... Hello darkness/My old friend/I´ve come to talk with you again/Because a vision/Softly creeping/Left its seeds/While I was sleeping/And the vision/That was planted in my brain/Still remains/Within the sounds/Of silence...🎵♪♫♩♪... (The sounds of silence/by Simon & Garfunkel) (Traducción: 🎵♪♫♩♪... Hola oscuridad/Mi vieja amiga/He venido a hablar contigo otra vez/Porque una visión/Arrastrándose suavemente/Dejó sus semillas/Mientras estaba durmiendo/Y la visión que fue plantada en mi cerebro/Todavía permanece/Dentro de los sonidos del silencio ...🎵♪♫♩♪... (Los sonidos del silencio/Simon y Garfunkel)). En este espacio efímero, los minutos son pétalos que se desprenden delicadamente del reloj, tejiendo un tapiz de momentos que se despliegan en la trama de la existencia. Cada instante, es un lienzo en blanco, esperando ser llenado en colores de espontaneidad que haga del lapso libre un santuario donde la imaginación es la única brújula. El hueco del ambiente, es un agujero en amplitud clamando libertad...es un lienzo en blanco donde los ecos de la ausencia bisbisean secretos que solo el vacío conoce.

Colección Poética LACUHE 2024

Polifonía en un paraíso plomizo

Aurora Fuentes Rodríguez

La nota vocal que flota nutriendo un vergel. Aún bajo un cielo encapotado las aves cabriolean en armonía y las nubes se visten con semblantes sombríos, sus alas dibujan trazos fugaces sobre el lienzo gris, es una pintura abstracta en el empíreo campo. Los acordes menores entrelazan susurros de melancolía, tejiendo un tapiz sonoro que envuelve a quienes se sumergen en esta sinfonía oscura. Las voces, profundas y resonantes, narran historias de dolor y redención, llevando a los oyentes a través de un viaje emocional por el abismo de la música. Las mariposas revolotean, sus colores destellan como pinceladas de un cuadro vibrante. En el reino del ritmo oscuro, cada nota es un balbuceo apasionado que emana de las sombras, un eco penetrante que resuena en el alma. Las percusiones, como corazones latentes, marcan el compás de un floreo misterioso que se despliega en la penumbra. Entre la hierba en una guitarra de madera la calma descansa, las cuerdas susurran lo que le viento ciñe y se entrelazan con la suave brisa donde las cuerdas danza en su alma. En el tronco siento la esencia palpitando como raigones profundos conectando la música con la naturaleza, creando un cuadro sereno y etéreo, son historias tejidas con cada planta donde resuena el eco de un pasado que en la madera quedó y que en la historia se forjó en fantasías universos, son refugios de sueños alados, es un canto que se eleva como un susurro cadencioso entre las cenicientas nubes, entretejido en una bruma celestial, es un hilo con ritmo enlazando el cielo y la tierra. Cada compás es una puerta hacia lo desconocido, donde la gloria del ritmo oscuro se revela en la intensidad de las emociones que despierta, es un hechizo sonoro que sumerge a los oyentes en la profundidad de su propio ser, invitándolos a explorar las sombras y descubrir la belleza oculta en la oscuridad del ritmo...es el nirvana plúmbeo pintando un lienzo sonoro que despierta la serenidad del paraíso.

Entre penumbra apenas fortaleciente

Aurora Fuentes Rodríguez

¿Quién fortifica los miedos en los nefastos insomnios tétricos de la medianoche? El vigoroso hacedor en su guarida pensante bisbisea entre popotillos de claridad y con la sombra de un ramaje enjuto robustece la pálida luna vetusta. Una mirada umbría olfatea la soledad en un camino con cara de hambrienta noche gusga. (Yo: acongojada con las estrellas en tinieblas añoro el confort de un descansar pleno, con urgencia necesito desmúgrame del cochambre costroso que opaca los amaneceres). Protegerse de los lóbregos sinsabores, es frazada ajada donde silva el gélido frío de la apatía; y, apadrinar una opacidad de penas, es un lanar enmohecido condenado a deshilacharse en una gorjeante miseria, es lamer nostalgias magulladas pretendiendo que no lleguen nuevos días sostenida en un insolente bastón que empecinado en una vitalidad grisácea tambaleante continúa.

En un periquete de segundos a paso lento y muy a menudo las gotas de los tiempos cantan: ♫♪♪♩♩... No hace falta que me quites la mirada. Para que entienda que ya no queda nada. Aquella luna que antes nos bailaba. Se ha cansado y ahora nos da la espalda...♫♪♪♩♩... (Dónde está el amor – Pablo Alborán).

El negro panorama atiborrado de infinitos cuestionamientos, es un escudo de pie quebrado que en conformismo asesina la fuerza, es la opacidad que mira con arrebato la nula fuerza de voluntad con la que me he vestido.

La diana en negrura y un demonio crucificado, es seguir andando en un camino entre árboles en penumbra, pero fortalecida me arrellano a esperar el alba.

Habitad sosiego

Aurora Fuentes Rodríguez

El amanecer bosteza en una soledad tranquila... y el silencio solaz, es un arrullo abrazando la quietud. La naturaleza muerta pernocta en los Olivos Van Goghianos con su cielo ambarino. El frescor matutino ronronea en reproche a la alborada con la pereza de en cada ciclo renacer matizándose en ralos brotes aceitunados. Él, es trigueño pastizal seducido por una ventisca y el sol campando un trio sexual de agitado arrebato arrecho en un coito Inter crural donde se calentó, se revolcó y en calma quedó -La vida anida en las florestas y fecunda la Tierra- Ella, es cielo con brizna de ánimo sereno en lila azulino que entre nubecillas oscila y desde su morada otea el candor del campo en reproducción -no hay orfandad tenaz- «Nuestra vida es como la hierba, que pronto se marchita; somos como las flores del campo: crecemos y florecemos, pero tan pronto sopla el viento, dejamos de existir y nadie vuelve a vernos... Salmos 103-15». Apaciguar las tormentas, es aceptar los tiempos de vida así sean agridulces, gemebundos para algunos y para otros son oportunos...es la aurora en reposo que se aviva ante un pajizo páramo infecundo.

Romántica seducción musical

Aurora Fuentes Rodríguez

La encandilada noche soñadora, y el vals de la flama en las velas, es coqueteo platónico en el madrigal sonoro de cada nota que se agasaja en el embeleso de caricias lujuriosas; es como una mujer ante el piano donde cada tecla flota mimando el ambiente, el letargo nocturno empaña la razón, un hechizo sonoro y sentimental coquetea a la cordura desatando los nódulos de decoro, se corrompe la sensatez y mil suspiros cadenciosos divagan trémulamente en el vaivén gemidor de cada jadeo armónico —ven, ven te necesito— la música tiene el control altozano en un pentagrama equidistante y erecto, el "Re" susurra penosamente y tienta al "Mi" a un eufórico coito, donde el "Fa" se acurruca en un acuoso suspiro candente con el "Sol" que eyacula volcánicamente en "La" y haciendo referencia de altura en el sopor del momento, queda encima del "do" central del instrumento y con el sonido firme concluye en el "Si" y la lujuria soborna a la sensatez entre corchero, matices y timbre sensual, es el galanteo de las notas musicales en una romántica seducción.

Benjamín García

Artesano de sueños. Papá de Camila y Gabriela. Nació en Moca, pequeña ciudad de sus orgullos.

Es miembro fundador de varias instituciones culturales entre ellas Rincón del Arte, Teatro experimental Moca (TEMO), el Festival del libro y la cultura MOCARTE, en Moca, Areito Cultural en Nueva York y co-fundador junto a Berkis Contreras de la Feria Internacional del Libro de New Jersey.

Fundó y dirigió por espacio de seis años el Departamento Enlace Cultural Comunitario del Comisionado Dominicano de Cultura, desde donde coordinaba el Club de Lectores.

Ha sido reconocido por su trayectoria como gestor cultural y escritor por la Academia Dominicana de la Lengua, el Ayuntamiento de Moca, The Latin American Cultural Heritage Inc. Lacuhe entre otras instituciones.

Tiene publicados los libros *La pasión por la vida, Cantares del Artesano*, ambos de lo que llama "literatura motivacional", La palabra cuenta que es una compilación de artículos periodísticos, *Cien palabras con vida*, una novedosa manera de redefinir de manera poética las palabras. También ha publicado la libreta de notas *60 días para ser felices* y la mini revista *Agenda de vida*.

Dirige Bega Editora desde donde ofrece, junto a otros talentos, servicios de edición y publicación de libros.

Desde el año 1995 produce y publica la agenda alternativa Para trillar caminos.

Dintel de la nostalgia

Benjamín García

Desde la ventana
veo agotarse mi espacio,
reducirme a un paisaje estrecho
con el horizonte en la espalda.
El sol no duerme.
El espejo grita,
salgo a su encuentro,
pedazos vuelan confundidos.
Carne de mi carne
impresa en su revés.
No es él, soy yo
roto de destierro.
La casa ha quedado atrás
honda y sencilla.
Mástil ahogado en los pasos
de una niñez corriente
que se resiste a quedar dormida.
A veces la nostalgia
es un carga odiosa
a la que no le pasan los años.

Tentativa de ausencia

Benjamín García

Vuelvo a tentar las auroras,
provocar la salida del sol
sentado en el recodo
de una luna menguante.
Nacen geranios
en el balcón de mis ausencias.
En este cuerpo,
tan lleno de tus madrugadas
vuelven a volar gorriones,
a nacer canciones.
Versos negados sin culpa
ni alegría,
robaron tus delirios,
rompieron fuente.
Aquí estoy
como poema
recién salido de un quejido
o de la tentativa primaria
de un beso prohíbo.
A volar, que las gaviotas
cuando son dueñas de un canto
no tienen soledad.

Ausencia

Benjamín García

Navegante derretido
en la sal
abro la tarde al silencio,
dejo que duela.
Me escondo
para que tu voz
no me alcance.

Inescrutable

Benjamín García

Un espejo cargado de huellas se levanta al borde del camino, vivas están las huellas y rotas, lo atraviesan, le muerden el fondo evitándole devolver lo que mira, detengo
el paso y me sube al rostro el resplandor de la duda. Me entrego al silencio sobrecogedor desde donde mana brisa y un olvido. Solo escucho un clamor de hojas buscando descubrirse en la transparencia de las grietas por donde quieren colarse, y descubrir qué esconde aquella vasta sabana de agua y cristales dormidos.
Buscan las hojas, como yo, saber qué somos y nada más.

Colección Poética LACUHE 2024

Polvo en la memoria

Benjamín García

El silencio de la hierba fue testigo del despertar de las hojas amanecidas en tu cintura de fuego. De lejos miraba subir el rubor de tu rostro mientras me invadían los espejos de la noche. Quizás la escalera desvencijada, torpe y desnuda, no resistía más furia y debimos abandonar la lluvia que nos mojaba por dentro. Ahora entiendo el lenguaje del lagarto, su velo colgante danzando al ritmo del jadeo en su garganta empequeñecida por los siglos. No hubo otra alma en el refugio, capaz de comprender el rito, nadie... quizás él, porque él también, esa noche, habitó tu cuerpo.

Conrado Zepeda Pallares

(Puebla, México, 1980). Profesor de lengua y literatura en EE. UU., México y Puerto Rico. Poeta y ensayista. Autor y coautor de libros de texto y antologías literarias (McGraw-Hill, Book Mart, Mx, Areté Boricua, Cundeamor, Lamaruca, Flamboyán, Valparaíso). Especialista de la Unidad de español en el College Board de Puerto Rico y América Latina. Ganador del premio PEN de Puerto Rico 2020 en la categoría de Libro híbrido con *Mientras afuera llueve* (Ediciones del Flamboyán, 2019). Finalista del II Certamen Un poeta en Nueva York con *Trizas de viento seco* (Valparaíso Ediciones, 2022).

Anticuario

Conrado Zepeda Pallares

Que toda la vida es cosas, y las cosas, cosas son.

Extravagancia

Conrado Zepeda Pallares

Se disponía el corazón a descansar, cuando lo sorprendió la sangre.

Orden y progreso

Conrado Zepeda Pallares

Cuando la gente no sabe qué significa "permita salir, antes de entrar", no solo altera el orden del metrobús, también el del corazón.

Genealogía

Conrado Zepeda Pallares

¿Cuál es el nombre de tu abuelo materno?,
pregunta la inteligencia artificial pegada
en la aplicación del banco
para burlar el robo, la identidad o la nada.
Pregunta y al preguntar me digo
que mi abuelo fue y es un nombre, una palabra,
un recuerdo
un amigo que nunca fue mi amigo
un regaño que nunca fue un regaño
un hombre, al fin, con las rodillas destrozadas
de tanto guiar pasajeros, viajantes, peregrinos
de autobuses, taxis, coches y camiones;
un hombre altísimo -para ser mexicano-,
rubísimo -para ser mexicano-,
de ojos azulísimos -para ser mexicano-,
perspicaz y elocuente -para ser hombre-,
juvenil y atrevido -para ser viejo-,
de mil dichos sabios -para ser humano.
¿Cuál es el nombre de mi abuelo?
Mi abuelo no fue un nombre; es la voz que ha de morir
cuando yo muera.
Es el "déjalo, hija, estás joven".
Es el "indígena blanco" plasmado
en su acta de nacimiento.
Es el "ay, hija, unos me lamben, otros me escupen".
Es su respuesta firme, enérgica, entusiasta.
¿Qué puede importar el nombre de mi abuelo

cuando se es macho, marica, moreno, mexicano?
No. No hablo de víctimas ni de maltratos
no hablo de robles o de patriarcados hablo de la pregunta
cursi, perversa o inocente que alguien cursi, perverso o
inocente incluyó en la aplicación del banco
sin darse cuenta de que algún día un macho mexicano
moreno y marica había de recordar aquella tarde lluviosa
en que su madre lo llevó a conocer el tiempo.
¿Cuál es el nombre de tu abuelo materno?
Respondo.
Mi abuelo vuelve a caminar,
sin bastón,
en la memoria de sus nueve hijos vivos
de sus cinco hijos muertos
de los veinte nietos vivos que conoció en vida
de la nieta viva que no conoció
de la nieta que conoció viva y de cuyo vientre
habría de salir
el único bisnieto que conociera en vida,
y en la memoria de los otros dieciocho bisnietos.
Catorce hijos
Veintidós nietos
Diecinueve bisnietos.
¿Que cómo se llama mi abuelo?
Se llama Blanca y Fernando, Angélica y Lourdes,
Pablo y Andrea, Isabela y Conrado, Leticia y
Sebastián, Valeria y Lourdes, Luciana y Guadalupe.
Se llama olvido, columna encorvada,
diabetes, cáncer de próstata, orgullo, humildad, Acámbaro,
Puebla. Se llama como su padre

como su madre como su historia como la mía como la suya como la tuya como la suya como la
suya como la suya de ellos de ellas de nosotros.
Se llama silencio y franqueza, vista cansada y
autobús, se llama Revolución mexicana, se llama hambre, picada de alacrán, nobleza y bonanza.
Mi abuelo se llama José de Jesús Bernabé Pallares Rodríguez.
La aplicación del banco no acepta un nombre tan largo.
Tampoco tildes. Tampoco historias.
La aplicación del banco no sabe ná.

Colección Poética LACUHE 2024

Canción para renacer

Conrado Zepeda Pallares

Para Marilú, a 14 años de su muerte

Hay silencios que son de mate y mentol
para que la memoria se cimiente
y se llueva el recuerdo.
Hay silencios de sal y salitre
para que el dolor se madure
y florezca en un rostro
nuevo, por supuesto.
Hay también, silencios de guayaba y wasabi
para pasear un rato, al deseo
de verte
verte
verte
Vierte el silencio mi deseo

Hay días que se anclan en un grito, una llamada,
una madrugada, una escena imposible
días que se quedaron en los días
silencios que son de nuevo rumor y canto
canto que ha de volver a ser memoria
la cena en que nos diste un colibrí
que ha de volver a solas en enero.
Te veo sin sal, sin grito, sin el susto
de haber nacido enredada.

Esta vez,
en vez,
me ves.
Cortas el cordón umbilical
a solas.
Estos días de verte en los jardines
pesan menos
flotan
y se parecen
a la espera
de verte partir a oscuras a las nueve
pero esta vez sonriendo y floreciendo.

La verdad oculta

Conrado Zepeda Pallares

Al indulgente, Dios

Amor de ti,
mi amor contigo.
Amor, amor,
acción y vida.
Me sabes valiente y amoroso.
Me lo dices a diario con los otros.
Te busqué en el pasado,
en las dudas y el llanto.
Te buscaba en el lento y el frío pasar
de los espacios que dejaban los otros,
los ajenos,
con sus manos, sus pies y sus abrojos.
Entonces mi propio propicio
corazón se volvió
una coraza y una máscara.
Te buscaba de niño en mis tristezas;
me escuchaste en los ojos de mi madre.
Te llamaba de adulto en mis ardores;
respondiste en la lluvia y en las calles.
Amor de ti, tu amor conmigo.
Amor, amor, silencio y tiempo.
Te siento en la brisa del recuerdo
que llega de mi infancia y de mi padre.

Te buscaba, perdido y tembloroso;
me empeñaba en buscarte en las afueras
de mi cuerpo, mi mente y mis entrañas.
Y mira la ironía,
la más dulce de todas,
que tuve que encontrarte
en mis adentros.

Colección Poética LACUHE 2024

Mientras afuera llueve

Conrado Zepeda Pallares

Mientras adentro escampa
por más conocimientos teóricos sobre narrativa que una persona tenga, por más
fecundo que sea el vocabulario de un crítico, por más definida que tengamos nuestra
poética de acercamiento a la literatura, al final prevalece la emoción que nos causa el texto. Ese asombro ante la innovación, o el pudor que sentimos al vernos reflejados en las palabras de un otro, que hace que nos sintamos sobrecogidos ante las palabras de un escritor.
Enmarcado en una densa nube de posibilidades interpretativas con relación al género
literario al que pertenece, el texto ganador del Premio Nacional se enseñorea con humildad rebasando las posibles fronteras con otros géneros, y así establecerse como un documento visceral e íntimo que tiene la capacidad de deslumbrar a los más exigentes lectores.
Los viajes son procesos de catarsis en los que se cuestionan el amor a la patria, a ese
ser que se la pasa tejiendo ilusiones en la memoria
y a la sensación de sentirnos parte
de todos los lugares y al mismo tiempo, no ser de nadie.
La epístola sirve de vehículo
para contarnos una historia entre figuras retóricas, poemas, frases, expresiones

idiomáticas, reflexiones y divagaciones que se convierten en una fina llovizna que no deja de mojar nuestros adentros. Por su desmedida pasión por la creación de belleza, el jurado de la categoría de Libro
Híbrido otorga el Premio Nacional al texto Mientras afuera llueve, de Conrado Zepeda Pallares

Jeanette Rodríguez Colón

Cursa el Bachillerato en el Departamento de Estudios Hispánicos en la Universidad de Puerto Rico en Cayey y culmina su licenciatura en el Recinto de Río Piedras. Cursa clases de posgrado de Literatura. Completa la Maestría en Educación con Concentración en Orientación y Consejería en la Universidad Ana G. Méndez.

Publica su primera antología poética titulada: *Meraki en Caribe* (2021). En el 2022 publica su Antología poética *"Espejos entre agua y fuego"* y en el 2023 publica un libro en conjunto *"Fusiao de arte"*. Publica en la Editorial Académica Española sobre "Eros, Tánatos y subconsciente en la *novela La Muerte de Artemio Cruz"*: *una mirada la novela del escritor mexicano Carlos Fuentes*. Ha estudiado sobre Gabriela Mistral y César Vallejo.

Me anclé a ti

Jeanette Rodríguez Colón

Me anclé a ti como la pasión,
traspasé tu mirada,
sentí tus labios tibios,
te acaricié entero.

Te besé con todas mis ansias.

Subí a ti, a tus besos libres
y llenos de alas.
Me fusioné en ti para sentirte,
para encontrarme en ti,
sentirme en ti,
despertar de nuevo en ti.

Mi cuerpo caminó el pensamiento,
revivió imágenes dormidas hace tiempo,
me despertó en un sentir profundo,
me clavó a ti como la vida.

Me encontré de nuevo en tus manos,
me olvidé de lo aprendido,
de lo que una vez me detuvo por completo,
sentí quién soy yo dejándome ser entera,
te recorrí sin arrepentimientos.

Te besé más allá de tus labios,

los sentí en mí como un sentimiento,
la noche nos cubrió entre la habitación,
nos unió de nuevo para revivirnos
en las palabras no dichas
y los sentimientos escondidos.

El amor guardado por años
traspasó cada caricia,
cada resquicio de la piel,
nos envolvió en miradas rojas,
minutos libres,
nos fusionó a ti y a mí sin imposiciones.

Nos envolvió la oscuridad de la noche,
pintó imágenes vividas contigo,
palabras dichas de frente,
memorias detenidas
entre los cristales.

Me observé de nuevo en tus ojos,
sentí tus besos únicos
que conozco como mis huesos.

El agua del mar fue memoria,
testigo de nuestros compartirles,
de nuestro cariño de viento breve,
agradecí volver a encontrarnos de verdad,
que me dejaras ser toda de ti,
que me otorgaras vida de nuevo,

que me aceptaras libre,
sin las vueltas que tú y yo

tuvimos con el pasado.

Me deslicé en ti,
puse palabras en tus dedos.

Tatué el sentir en tus manos,
las pasé sobre mí
para sentirnos de nuevo.

Agradecí a la vida el mirarte,
el sentirte de nuevo sin expectativas,
sin juicios,
sin miedos.

Te miré con tu mano en mi rostro,

Temblé en ti, sentí por ti
y te hablé desde las palabras,
la poesía,
la pasión
y la libertad.
Espejos de Agua
Hemos cruzado puentes,
el puente hacia las visiones.
Existen cuadros que nos escriben,
se reflejan en los espejos
que llevamos en el rostro.

Dos cuerpos de frente,

besando el tiempo.
Amándose en los espejos,
en el agua sentida en cada parte,
cada esquina, cada beso.

Espejos de agua señalan
el acto eterno de amarnos.
Fundidos en las caricias, la lluvia.
Dos cuerpos sintiéndonos en el calor,
mostrándonos libres frente al espejo.

Desnudos en el agua
Caminos de agua nos encuentran
libres en el pensamiento.
Agua palpable en cada paso, pies desnudos, descalzos.

Sumergimos el amor entre las manos,
nos besamos tú y yo enlazados
en cada espacio que nos señala lo incalculable.
Desnudos estamos en las entregas,
en el simbolismo,
bebemos la alegría del intento,
la imagen de vida formada por nosotros.

Estamos desnudando los ojos,
aceptando la magia de estar libres,
en la desnudez,
encontrados en la definición desvestida
del deseo, la desnudez y el agua.

Rojo Viento

Jeanette Rodríguez Colón

"Cuando me miras/mis ojos son llaves".
Alejandra Pizarnik
Rojo intenso, fugaz,
fluyó entre nosotros,
regiones inesperadas,
vivos estamos entre el viento.

Dos seres fusionados en el sentir,
creados de piezas brillantes,
formados de la pasión.
El deseo corre despavorido,
se inserta en nuestros cuerpos
y nos ilumina.

Rojo vive en los adentros,
tú y yo, amándonos,
queriendo ese norte etéreo,
acariciando cada instante rojo,
iluminando nuestras miradas.

Estamos desnudos entre hilos rojos,
viento vivo, dándole brisa a nuestros cuerpos,
amor de viento rojo,
que nos encuentra,
nos forma,
nos une,
nos recrea,
nos desliza.

Entregados

Jeanette Rodríguez Colón

Estamos entregados al encuentro,
palpando cada gota deslizada en los cristales.
En la ventana existen dos siluetas,
tú y yo amando nuestros cuerpos,
abrazados en el agua, quitándonos los miedos.

Quizás tú olvidas quién soy yo en mi interior,
te preguntas si soy libre mirándote
entre el agua que cae por nuestras mejillas,
y te beso tocando tu rostro de lluvia,
tu imagen sincera.

Pienso si es sinceridad lo que ata nuestro encuentro,
o entre nuestras voces faltan palabras por decir,
soy yo la que busca...
queriendo ser más que un instante.

Me abrazas detrás de mi espalda,
y deslizas el amor por mis huesos,
queriendo amarme entera.
La pasión se recuesta en mi cuello,
y me enciende el pensamiento.

Quiero ser más que una idea para amar con todo,
para ser más que un simple deseo,
y que te fusiones en mí por completo,
me hagas toda de ti para volver a encontrarnos.

Colección Poética LACUHE 2024

Paixão

Jeanette Rodríguez Colón

La pasión se crea en dos cuerpos entregados,
sintiendo cada momento, más allá de las caricias.

Pasión es contar contigo en mi memoria,
que estemos fusionados cuerpo a cuerpo,
sintiendo el amor más allá de los gestos.

Apasionados estamos tocándonos en la noche,
mirando la luna que se fusiona en los espacios,
mostramos los gestos de recrearnos en los besos,
de revivirnos de nuevo en el deseo.
Enamorándonos tú y yo para ser otros,
para fundir caricias, fuego, memorias, besos,
sensaciones, imágenes desnudas.

Pasión es estar detenidos en el tiempo,
fotografiar la memoria,
alejarnos del sentir de vivir a medias,
sintiéndolo todo
o no ser nada.

Encuentro contigo

Jeanette Rodríguez Colón

Me encuentro contigo iluminados en los espejos,
estamos desnudando el sentimiento,
abrazados de frente, sintiendo el costado,
la piel, tu espalda sublime y suave como tus besos
que me tocan dándome más vida.

Nos encontramos en nuestras miradas eternas,
casi iluminadas por el toque de las caricias,
baja el agua por nuestros rostros,
cubre cada espacio de nuestras pieles definidas,
y te miro queriendo encontrarme en ti,
fusionarme en ti,
abrazarme en ti,
despertarme en ti.

Pienso que el amor corrió por nuestra sangre,
nos revivió de nuevo en la confianza,
allí donde encontré y besé tu desnudez de estrellas,
y me encontré en ti queriendo vivir intensamente,
queriendo tenerte para vivir un amor inmenso.

Convertimos en nada el miedo,
recreamos el amor como se debe:
siendo sinceros, honestos, buscando las palabras,
esas que nos unan a ti y a mí en los adentros.

María Isabel Dicent

Nació en la ciudad de Nueva York de padres de la República Dominicana. Ha escrito los poemarios *Sueños Color Violeta*, dedicado a su abuelo, *Alma de Luna*, Antología Poética Aira, *Colorín Colorado* y el cuento infantil *Julie, el gato y el zapato*. Ha sido antologada y ha obtenido premios y distinciones como: Tercer Certamen de Poesía de la 4ta. Jornada Cultural Lola Rodríguez de Tió. 2do. Premio Categoría Poesía Universidad, en el IV Certamen Literario Esther Feliciano de Mendoza de la Universidad de Puerto Rico. (2002). Distinción especial en el Segundo Certamen de Cuento y Poesía de la Universidad de Sagrado Corazón en Puerto Rico (2003). Certamen Literario Mar de Tinta (México) y su Antología *Instantes Eternos* (2020). *Antología de Microrrelatos* (España 2020) de la escritora

Raquel Sánchez Muliterno. *Antología Poética Diosas Universales*, de la Editorial Navegando Sueños de El Salvador (2021). Antología Letras y Poesías (2023). Antologías (varias) de Poetas Internacionales de Ediciones APER del escritor, poeta e historiador, Drugot Letras, de la Sociedad Argentina de Escritores. En agosto 2021, su poema Rain, fue seleccionado para la revista International Literature Foundation, de Indonesia.

Ha participado con autores, medios, ferias y tertulias literarias en la ciudad de Nueva York y recitales virtuales, como en la fundación de Artes Plásticas y Literatura Palmira-Valle-Colombia, de la Asociación de Cultura Iberoamericana Gijón-Asturias-España, la organización New Women New Yorkers (dedicada a las mujeres inmigrantes) y The Latin American Cultural Heritage (LACUHUE).

Valentía

María Isabel Dicent

Cuando mi alma oscurece al atardecer
siento,
ese sonido laborioso
de crear un nuevo experimento,
y pienso, entre lágrimas espesas
que brotan entre sonrisas
cuando concluyo aquel comienzo.

Surgen pausadas todas las cenizas,
que fue un poco loco
pero no una pesadilla,
creo que al unir las metáforas
de mi melancolía,
apareces como el aroma
que se disuelve hasta llegar el día.

Luego presiento tu voz
muy cerca en mi lecho,
me lleno de ansias
pero entonces despierto,
te alejas fugaz,
confundo mis pensamientos,
sin pensar que mi alma oscureció
al atardecer,
y mis metáforas se perdieron
como aquellas cenizas
esparcidas en el ayer.

Quiero

María Isabel Dicent

Quiero ser más de lo que un día fui
volver a nacer de la misma mujer
que lleva arraigada la esencia del colibrí
bordar las hojas del otoño que han caído
para hacer una corona de aromas
con pétalos de flores y teses de lavanda.

Anidar en el paraíso soñado
alejarme a un lugar desconocido
para desvestir mis hábitos del pasado
y abrazar mi piel cuan enamorado.

Sentir palpitar tu corazón
acariciarlo con aromas de jardín
mi piel en tu miel
en el delirio de una noche estrellada
amarnos hasta desvanecer.

Quererte quiero y a la vez no quiero
un ángel se dibuja en el arcoíris
en medio del riachuelo.
Y en un nido de añoranzas sin palabras
reposa la corona de aromas
con pétalos de flores y teses de lavanda.

Esencia

María Isabel Dicent

Qué será del tiempo y la memoria
qué será de mi composición
del armario atestado de recuerdos
y de las cenizas de mi habitación.

Qué será de mi sin un motivo
sin causa que excite mi pasión
sin querer me pierdo en el olvido
y vuelvo y me encuentro en mi inspiración.

Qué será del tiempo que no vuelve
de los lirios que anidan en el balcón
de los años venideros
y de las arrugas en mi corazón.

Sin embargo, queda esa memoria
la opaca y marchita de mi voz
y me envuelvo en su única existencia
pues es la esencia de mi tiempo
la esencia del yo.

Colección Poética LACUHE 2024

Cautivo

María Isabel Dicent

Duele el alma
cuan espina dorsal sin calma.
Batallas que a diario persiguen
ruido que perturba y atrapa.

Tarde oscura se abastece de impaciencia
de enfermedades incurables
que inhabilitan la conciencia.

Y rebusco en las hojas grises
entre olivos corroídos de cicatrices.
Arde el suelo de aflicción y coraje
necesito un día más para cambiar de equipaje
ser un antojo invisible
un palomar donde reposen mis luceros.

El sabor amargo mastica odio y duelen
las símiles,
el calentamiento global que asfixia
la abstinencia de palabras compuestas
que gritan cuando callan.

Dueles cordura
la paja que persigue el ojo izquierdo
la sonrisa del arco iris que no ríe,
las cenizas fértiles e inocentes
de un suelo árido donde pululan lombrices.

Duele la voz en compás del silencio
el tiempo que escapa en mis dedos
duele tanto el dolor que no se siente
pues se alberga entre uñas que se quiebran
y solo destilan formol a manos llenas.

Subconsciente

María Isabel Dicent

Enamorada de esta vida
incomprensible
de lazos que atan y desatan
todo lo humano e inverosímil.

De mis cuestionamientos
de sentir a veces que la vida
es como el viento.
De seguir, resistir
intentar, perseguir.

De los días fríos inexplicables
de otros, que aún
en el enamoramiento
se hacen transitables.

De lo que alumbra
y no se detiene
las sonrisas, el saludo cálido
aunque sea de prisa.

Enamorada de mi inexistencia
que habita en mi consciencia,
la otra vida que en sueños vivo,
de que crean que estoy loca porque
los que en paz descansan
están aquí conmigo.

Y la mañana se transforma

como oruga en mariposa,
dentro de este globo
lleno de inseguridades,
mis ojos luchan a diario
contra las adversidades.
Y un bendito alfiler
va tocando mi piel
para recordarme
que soy tan humana y mujer.

Que camino en lo oscuro
de mi interior
descodificando mi piel,
porque soy diferente
entre lo alto y lo bajo existo
y lo que vuela está en mi subconsciente.

Me enamoro
de una vida con toda su crueldad,
su falta de justicia, su maldad,
pues en mi volar voy encontrando la cura
que me llena de paz.
Paz para el amor sincero,
el que me quita el miedo
para dar paso a un día de Sol
para transformar mis cicatrices
todas en amor.

Enamorada
de mis ilusiones, sueños, fantasías
mis imperfecciones.
Cuestionarse la vida es casi prodigioso

escribirla en poesías es un sueño
casi misterioso,
pues el alma queda suspendida
en el aire, trato y trato
de volver en sí
pero en mis sueños soy inalcanzable.
Me transmutan, me llevan y vuelo
y toco el Sol,
en mis sueños me enamoro,
me reintegro y vivo y vivo
la vida que quiero.

Colección Poética LACUHE 2024

Bajo el sol de primavera

María Isabel Dicent

Escribo en la tarde
bajo el sol iridiscente
con mi taza de café en manos
mientras observo pasar la gente.
Entre cada verso
se agitan mis latidos,
una chiringa que interrumpe
ante mis ojos sorprendidos.
El polvo se lo lleva el viento
las almas salen en silencio.
Me persigno,
mis pies firmes al suelo,
la piel se desintegra en la tarde
de un día cualquiera,
música suave, placentera
bajo el sol de primavera.

Mariesther I. Muñoz Phi

Profesora, productora, escritora y artista multidisciplinaria de Puerto Rico. Entre sus obras destacan las puestas en escena *"Jaque-Mate"* y *"Decisiones Sometidas"*. Fue colaboradora de la reseña Mundo cruel: la desnudez de nuestros prejuicios, publicada por El Post Antillano y escritora de los prólogos de *La Tercera Carpeta, Vivencias y Recuerdos*. Es autora de los libros *Ensueños amorosos, La conejita de mamá y La flor soñadora*. Además, es una de las poetas de la Antologías: Poetas comparten (Ecuador, 2021), Meraki en Caribe (Puerto Rico, 2021), *Serpientes y escaleras* (México, 2021), *Homenaje a Frida Kahlo* (España, 2021), *Desahogo* (México, 2022), *Conspiradoras* (México, 2022), *Actuales voces literarias de Latinoamérica* (México, 2022), *Entre la guerra y la Paz* (España, 2022), *Volverte a ver* (México, 2022), *Entre aromas y recuerdos* (México, 2022), *Fusião de arte* (Puerto Rico y USA, 2022), *Una habitación propia* (México, 2023), entre otros.

Ojos risueños

Mariesther I. Muñoz Phi

Ondulada mirada de largas pestañas,
jocosas pupilas con aguadas constancias...
¿Os vuelven locas las miradas
sujetando intensos ideales?

¿Recorren los cielos tus prolongadas miradas?
Inundas de pasión un suelo seco
saciando las lágrimas que cayeron en desierto.
Unas veces viste lo que mis ojos no.

Entre tanto, los míos vieron lo que ignorabas.
Ñoños tus ojos cuando buscan mimadas
ondulando en los vientos de ánimos;
sucumbidas sensaciones de nuestros juegos.

¿Ojos de sal?

Mariesther I. Muñoz Phi

Ojos de sal,
juguetones como las olas
de la oleada que viajan
por tus sombras de pupilas
que penetran en el alma
hasta encontrar las mañanas
que provocan tus resplandecientes
ojos de miel.

Sabrosos tus colores
que con dulce endulzan los momentos
que entran en la vida
de la corriente entumecida.

Dime que entre la oscuridad
tus ojos encienden la antorcha
que conduce a la vida del momento,
que encienden la antorcha que brilla
entre pedregales y riscos,
entre desiertos oscuros
y cañones profundos.

¿Es acaso manera de describir tus ojos de sal?
Sal que limpia y pule las intenciones del alma.
¿Acaso son sales de mares profundos?
¿Longevidades de las artes del mundo?

Dime qué entiendes

Mariesther I. Muñoz Phi

Dando zumbidos en el viento
imploras por tu tempo,
mas escucha el sonido
entre aves en el cielo.

¿Qué escuchas
una y otra vez?
Es el aleteo de su vuelo,
suenan sus voces de hambre.

¿Entiendes qué es?
No es revoloteo,
tienen la esperanza
incesante de comer.

Es el esfuerzo que emprenden,
desde lo alto disfrutan,
entre nubes se disipan
sin callar en su aliento.

Viste de rojo

Mariesther I. Muñoz Phi

Viste de rojo
incesante valor,
salud en la sangre
que emana calor.

Tenaz en argumento,
elevada firmeza,
dominante carácter
defiende el sazón.

Engrandecido amor,
rueda inmortal,
ovario de vida
que lucha en vos.

Juego altivo
ondulando en pasión
sucumbe tu ruego
en semejante color.

El Amazona vittata

Mariesther I. Muñoz Phi

De los vientos del caribe
se escuchaba un cántico,
agudo como pícalo
y ronco como piedra.

Se vistaban el azul del cielo,
el gran verde monte
y el rojo entre atardeceres.

La flora cantaba con el viento.
El agua danzaba con el canto.
El atardecer pintaba con el Sol.

La isla caribeña
decidió crear un vínculo
entre su agraciado espectáculo.

El viento dio alas a su ser,
el monte pintó con sus hojas al ave.
El cielo dio vuelo al animal
y el atardecer pintó su pico
para que recordara
las canciones de alegría
de su patria.

Nació el Amazona vittata,
la cotorra con nombre de su isla,
proclamando en cada esquina

el orgullo de su patria.

Es la cotorra puertorriqueña
con su verde plumaje,
sus alas de monte
con destellos del cielo,
y pico aclarado
rodeado del alma del fuego
que contiene el atardecer.

Es el símbolo patriótico
que exalta libertad,
esperanza y fe.

Es nuestro símbolo
que goza de nuestra tierra,
nuestros cielos.

Es la que nos muestra
nuestra diminuta fracción territorial,
pero de gran valor.

Es el Amazona vittata,
el ave creada en la isla
por la unción de los ríos,
bosques y cielos.

Fue el pacto de la isla
con sus habitantes
para que recordaran
su procedencia,
su libertad y sus raíces.

Una docena de días

Mariesther I. Muñoz Phi

Una docena de días
que al pensarlos
parecen muchos,
pero al contarlos
son pocos.

Una docena de días
donde mi vida
se ha transformado
en una docena de días
de gozo y felicidad.

Una docena de días
que he dejado de llorar,
donde has transformado
mis lágrimas en sonrisas
y mis temores en amores.

Una docena de días
donde he comenzado a conocer
a un gran hijo de Dios
que me quiere
y me cuida.

Una docena de días
donde tus ojos
me han enseñado
a volver a ver

la hermosura de la vida.

Una docena de días
donde Dios
me ha bendecido
con tu ser
y tu amar.

Una docena de días
donde las nubes
saben a flores
y las flores
a un sano amor.

Una docena de días
donde he podido conocerte,
donde he podido quererte,
donde he podido saber
que existes en mí.

Una docena de días
con mágicos días
y mágicas noches
que me llevan
a soñar y a vivir.

Una docena de días
donde Dios ha sido el centro,
nuestro timón,
nuestro guía
y nuestro gozo.

Una docena de días
de lluvias bendecidas
con coloridos arcoiris
que pintan nuestras mentes
y nuestros seres.

Una docena de días
vividos en armonía,
con Dios en frente,
con amor y dicha
de habernos encontrado.

Nicolás Gutiérrez Henríquez

Es un escritor nacido en San Francisco de Macorís, República Dominicana, en donde hizo su bachillerato en el Colegio Renacimiento. Detuvo sus estudios universitarios al trasladarse a la Ciudad de Nueva York, en donde ha residido por más de tres décadas. Su relación familiar le ha permitido incursionar en la tierra de Eugenio María de Hostos, con el mismo entusiasmo que le une a la tierra de Juan Pablo Duarte. Gutiérrez Henríquez hizo su primera entrega literaria en el 2019, con un libro de poemas titulado *"Laberinto de los Años"*, y en seguida publicó obras de otros géneros; como *"Sin Refugio en la Tormenta"* (cuento), *"Como Flor de Maga"* (narrativa) y su más reciente libro, *"Por Dictamen del Corazón"*, donde el autor se aventura en una narrativa con matices del realismo mágico.

Necesito

Nicolás Gutiérrez Henríquez

Necesito tu rostro
pegado al mío, tu aliento
tu cara bonita
tu beso ardiente.

Necesito tu cuerpo
tu ternura, tenerte
sentirte, amarte
acariciarte.

Necesito tu entrega fiel
tus dulces labios
tus ojos de miel
tu mirada tierna.

Necesito tu calor
tu piel hermosa
tus delicadas manos
tus pies.

Necesito acariciar tu pelo
besar tu rostro tierno
sentir tu cálido abrazo
tu cuerpo desnudo

Necesito tus sentidos
ver el amor en tus ojos
oler tu piel, tu aroma

tu perfume de flor.

Necesito tu voz, tu palabra
tu canto... ...tu risa
escuchar tu susurro
con los ojos cerrados.

Necesito estrechar tu cintura
unirme a ti
apretar tus manos
hacerte mía.

Necesito estar a tu lado
a cada instante
cada noche
cada día.

Necesito darte un mar sereno
un cielo estrellado
una noche de luna
un sol brillante.

Necesito darte un universo
un amor grande
un amor nuestro
nuestro amor.

Colección Poética LACUHE 2024

Aquel delirante anhelo

Nicolás Gutiérrez Henríquez

Conocí el amor temprano, cuando era jovencito
fue todo tan bonito como vivir lo soñado
no pude ver realizado aquel delirante anhelo
porque de mi te alejaron, como estrella en el cielo.

Han pasado tantos años, de aquella despedida
que había curado el daño, que me hiciera tu partida
ha sido tan largo tiempo, sin que volviera a verte
que creí ser mi suerte, borrarte del pensamiento.

Regresas nuevamente cuando menos te esperaba
haciendo que en mi despierte algo que ya sepultara
han pasado tantas cosas en tu vida y la mía
algunas maravillosas, y otras melancolías.

Mi amor por ti no delira igual que aquellos años
por culpa del desengaño, que dejaste en mi vida
pues irte a tierras lejanas, cuando te amaba tanto
anidó mi desencanto, muy adentro del alma.

Apareces de la nada, provocas que me asombre
cuando no saboreaba, como antes decir tu nombre
pensaste que alegría, darías a mis momentos
pero solo tormento es lo que siente el alma mía.

Recuerdo la sonrisa, de esa niña candorosa
tan solo con las rosas, comparaba tu carita
no siento la alegría que me daban esas cosas

aunque sigues siendo hermosa, más de lo que creía.

Quedan las cicatrices, donde tuve mis heridas
porque desde que te fuiste pasó toda una vida
fueron años que volaron, yacen en mis recuerdos
hoy no sé, si te amo, o te olvidé en otros cuerpos.

Intentar volver a amarnos podrá calmar la inquietud
mas presiento, no sé tú, esto pueda hacernos daño
no debemos engañarnos si el destino nos cambió
quizás quiera encadenarnos, por siempre juntos tu y yo.

Crucifixión

Nicolás Gutiérrez Henríquez

Crucificaron a un hombre,
hace más de dos mil años,
en esos tiempos de antaño,
no les importó su nombre.
Ya no existe quien se asombre,
si reaparece el mesías,
al igual que en esos días,
lo clavan en los maderos;
aunque se abran los cielos,
pues la gente sigue impía.

Crucificaron al Cristo,
por la pura incredulidad,
y por amor a su verdad,
quedó todo por escrito.
Que por los siglos sea visto,
como el salvador del mundo,
con un mensaje fecundo,
que promete vida eterna;
para que el alma no pierda,
todo el que le rinda culto.

Crucificaron al hijo,
sin importarles el padre,
y en presencia de la madre
sus verdugos no maldijo.
Él, su muerte la predijo,
y a los que le hicieron daño,

por ser parte del rebaño,
que su amor quiso alcanzar;
pidió al padre perdonar,
porque vivían bajo engaño.

Crucificaron a Jesús,
como un animal salvaje,
ignoraron su mensaje,
y no lograron ver su luz.
Él soportó aquel víacruz,
parte del letal tormento,
quien venció los elementos,
por mandato de su padre;
dio su vida ante la madre,
al cumplir los testamentos.

Crucificaron a muerte,
al de conexión divina,
sintió cuando cada espina,
hirió con crueldad su frente.
Fue humillado ante su gente,
al darle a beber vinagre,
luego con dolor, la madre,
vió la lanza del soldado;
enclavarse en su costado,
su vida, la cruz consagre.

Crucificaron al eterno,
de los doce, el maestro,
el que sanando fue diestro,
al curar a los enfermos.
Llegaron tiempos modernos

y aún su obra continúa,
la palabra lo sitúa,
ser del mundo, el redentor;
y puede sanar con fervor,
aquel que en su nombre actúa.

Colección Poética LACUHE 2024

En medio del delirio

Nicolás Gutiérrez Henríquez

Lo dejaste todo para estar a mi lado
sin senda ni distancia que te impidiera volver a mi
y cuando mi inconsciente anidaba el desvarío
se asoma tu silueta y me da tranquilidad.

Mitigaste mi mundo tétrico sombrío
como un sol ahuyentaste la gélida noche
y con la desnuda tibieza que me dieron tus brazos
disipaste mis horas interminables de agobio
silenciando las campanas
que anunciaban mi final.

No me dejaste sucumbir en medio de mi angustioso pesar
ni ante el presagio que amenazaba mi soplo de vida
me tendiste tu mano firme para no dejarme ir
cuando ya izaba en el ocaso
mi lienzo de rendición.

Mientras acariciaba mi corazón la seda de tu voz
embebido de este espejismo pude escucharte
y sobre sórdidos muros de soledad
dibujé tu sonrisa.

Prisionero del lecho que me consume
y de un mal que no auguraba digna sepultura
eras mi fiel centinela entre pesadillas y comparsas

Salí de aquel letargo al arrullar tu calor en mi costado

al olor de tu perfume de flor
y al beber sorbos de tu aliento.

Yacías junto a mí con el aroma tangible de tu esencia
cuando ya vagaba perdido en el tiempo
para escapar del coma que de mí se burlaba
y que borró los días de mi calendario.

El cielo me abría sus ventanas con las luces del paraíso
pero tú... estabas aquí
para librarme del mal que me hacía desfallecer
Dios me puso en manos de la ciencia
y tú fuiste su ángel que me brindó su amor
y su misionera para curarme el alma.

Acudiste a mi llamado en medio del delirio
y al despertar en la oquedad de tu silencio
te hallé escondida en la ausencia
al verme solo pregunté por ti
me dijeron que lo soñé...
pero sé que no fue así.

Colección Poética LACUHE 2024

Epifanía de Diosa

Nicolás Gutiérrez Henríquez

Luna que duermes en los brazos del tiempo
despiertas y te miras
sobre las aguas que te sirven de espejo.

Te meces en su corriente al arrullo de su canto
y anidas el reflejo en la quietud de su regazo.

Muda y paciente te fue fraguando tu destino
siempre fiel a tu pasado, sumisa del presente y promesa del porvenir
nunca descarriada nunca errante.

Te bañas sumergida en suave espuma
y de algodón el lienzo que te seca.

Mitigas tus siestas entre sábanas blancas
y nos irradias con halos de luz el fulgor de tu aura.

Y sin soltar tu mano
vestida de azul la madre espera
besada por el esplendor de tu luminiscencia.

Atrevida y con temeraria osadía
sucumbes al encelo del nubarrón enardecido
para reaparecer impoluta, jactanciosa y coqueta.

Arma de seductores y don Juanes
que presumes admiradores en demasía

de loable atención a tu belleza
a pesar de la altivez con que nos miras.

Eres la reina del amor y las pasiones
inspiración de la pluma poética
que por siglos te rinde culto
como eterna epifanía… de una diosa.

No me resigno

Nicolás Gutiérrez Henríquez

No me resigno al sinsabor que deja la espera,
cuando ajena, olvidas ser la causa de este sufrir,
en medio del delirio que alimenta el no tenerte;
se esconde la esperanza de despertar junto a ti.

No me resigno al destierro, que me condena tu mirada,
cuando el rutilar de tus ojos, no me cubre con su luz,
se ocultan cansados, sin musitar amor en su brillo,
y sin dejarme entrar en tu alma, para llenarme de ti.

No me resigno a vivir sin el calor de tu cuerpo,
sin la tibieza de tu abrazo, el frío me eriza la piel,
y envuelvo contra mi pecho tu silueta encantadora;
si dormido, tu ensueño despierta, mi necesidad de ti.

No me resigno al vacío, en que hace eco tu ausencia,
ni al canto mudo de las cosas, que sólo me hablan de ti,
a los sonidos que en el aire, van usurpando tu voz,
ni a sucumbir bajo la sombra, del dolor de tu silencio.

Rini Ghosh

Es una educadora internacional afincada en Mumbai (India). Es profesora de español y una apasionada de la lengua y la cultura. Posee un máster en Lengua y Literatura Españolas por la Universidad de Delhi (India) y un título de profesora en España. Forma parte activa de AMDEL y está convencida de que la forma de conectar con el mundo es a través de la lengua. Está especializada en la formación de profesores para enseñar una lengua extranjera tejiendo cultura. En su trayectoria profesional ha impartido clases en el Instituto Cervantes y actualmente está asociada como profesora y examinadora al Bachillerato Internacional de Ginebra.

La voz escondida

Rini Ghosh

Si hablas a un hombre en una lengua que entiende, eso llega a su cabeza. Si le hablas en su idioma, le llega al corazón.

-Nelson Mandela-

En el fondo de su pecho, escondida entre sus miedos, vive una voz que sueña, que quiere ser escuchada.
Es la voz de una mujer, que ha sido silenciada, por el miedo, la vergüenza, y la presión social.
Pero esa voz no se rinde, sigue luchando por salir, por romper las cadenas, y ser escuchada por fin.
Su voz es fuerte y clara, su mensaje es de esperanza, de igualdad y justicia, para todas las mujeres.
Un día esa voz se escuchará, en todo el mundo, y su mensaje resonará, como un grito de libertad.

La lluvia de la esperanza

Rini Ghosh

La lluvia cae en la ciudad,
con un sonido de esperanza,
como lágrimas de un cielo gris,
que limpian la tristeza.

Una mujer la observa,
con un corazón roto,
que anhela un hijo,
pero su sueño se ha roto.

Pero la lluvia le habla,
con un susurro de ternura,
y le dice que no pierda la fe,
que la vida es una aventura.

Que la lluvia es un símbolo,
de la vida que renace,
y que ella también puede,
dar vida a una nueva planta.

La mujer sonríe,
y la lluvia le da la fuerza,
para seguir adelante,
y no perder la esperanza.

Porque la lluvia es la vida,
y la esperanza es el futuro,

y la mujer sabe,
que el futuro es suyo.

La espera

Rini Ghosh

En la ventana, cada día, la mujer espera la llegada de su amor, el soldado que partió.
El sol se levanta, el sol se pone, y ella sigue allí, con la mirada puesta en el horizonte.
La vida pasa, los años van cayendo, pero ella no se rinde, sigue creyendo que él volverá.
Le habla a las flores, le canta a los pájaros, le reza a Dios, para que le traiga a su amado.
No sabe si está vivo, no sabe si está muerto, pero ella no pierde la esperanza, sigue esperando su regreso.

Huérfano

Rini Ghosh

En la oscuridad de la noche, mi alma vaga sin rumbo, buscando un lugar donde pertenecer, una identidad que me llene de orgullo.
Recuerdo los rostros de mis padres, que ahora son solo un recuerdo, sus voces que me arrullaban, sus manos que me guiaban.
Pero ahora estoy solo, sin nadie que me ame, sin nadie que me entienda, sin nadie que me dé un nombre.
¿Quién soy yo? ¿De dónde vengo? ¿A dónde voy?
Son preguntas que me atormentan, preguntas que no tienen respuesta.
Pero no me rendiré, seguiré buscando, seguiré luchando, hasta encontrar mi lugar en el mundo.

Mis recuerdos

Rini Ghosh

En la tranquilidad de mi hogar, bajo la luz de la luna, recuerdo mis primeros años, momentos de pureza.

Corría por el campo, jugaba con mis amigos, sin preocupaciones, simplemente disfrutando de la vida.

Los días eran interminables, llenos de aventuras, mientras que las noches eran mágicas, llenas de historias que contar.

Siempre estaba presente mi familia, cuidándome y amándome, brindándome todo lo que necesitaba para crecer feliz.

Ahora que he crecido y la vida me ha enseñado mucho, recuerdo aquellos días en los que todo era fácil.

Sin embargo, estoy seguro de que esos recuerdos siempre estarán presentes conmigo, como una luz en la oscuridad que iluminará mi camino.

Samuel Acosta Ynoa

Nació en Tenares, República Dominicana en 1989. Destaca como motivador, poeta y narrador. Reside en Nueva York, Estados Unidos de América. Realizó sus estudios de Administración de Empresas en TCI College of Technology, graduado en 2010. En el 2016 publicó su primera obra *Encuentra tu Destino*. En el 2021 publicó su segundo libro *50 Días de reflexión*. Ambos libros de autoayuda y desarrollo humano. Algunos de sus poemas e historias han aparecido en antologías multilingües como Primera Antología Internacional de Poesía y Ficciones Hispanoamericanas, and Beyond The Language. Es miembro de The Latin American Cultural Heritage INC. Ha realizado presentaciones artísticas en diversas organizaciones culturales como: AIDS Healthcare Foundation, Centro Cívico Cultural Dominicano, Comisionado Dominicano de Cultura, FEDCAP, entre otras.

Es Presidente de Lidertura: entidad sin ánimo de lucro que provee espacio seguro y creativo para el desarrollo literario y liderazgo de adolescentes en Latinoamérica.

www.samuelacostaynoa.com

Colección Poética LACUHE 2024

Madre Tierra

Rini Ghosh

¿Quién soy?
Soy los robles que a veces olvidan serlo.
Mis raíces se adentran entre millones de años
pacientes y dispuestas
a entender los porqués de la existencia.

¿Quiénes somos?
La humanidad,
se comenta.
Somos bosques llenos de sueños
que residen en tu vientre santo
Madre Tierra.

Un pajarito se ha posado mi pecho
en sus cantares relata tu historia
y nuevamente la tarde se adormece en tus hombros
admirando entre silencios
cada pieza de tus artes creada.

Vagamente escribo primaveras
en palabras con porción de tu esencia
que vuela como mis hojas
ya secas
en el verdor de tu oriente
hasta encontrar
el inicio de su
existencia.

De silencio a silencio

Samuel Acosta Ynoa

Postrada
serena y silenciosa
frente a una pared viva
tejiendo eventos entre líneas
con colores que enlazan
el cielo con la tierra.

Gran heroína feminista
jugaba con los temores
de pincel a pincel vivía
exhibiendo sus entretejidas heridas.

Cada pieza muestra la Frida vieja
atrapada en un tiempo
y el renacer en cada color.

Reina entre flores
feroz viajera de silencio a silencio.
Jimadora de artes en tierra de
hombres
que empalmaba miradas
hacia historias desconocidas.

Bendito sea Coyoacán
por ver nacer mil veces a una
estrella.
(En memoria de Frida Kahlo 1907-1954)

Colección Poética LACUHE 2024

Volverte a ver

Samuel Acosta Ynoa

Un tsunami afligido ha caído
en la Bahía de mis cinco sentidos.
Muriendo por vivir en el refugio
que provee tu mirada seductora.

Quiero volver a sentir la sombra
de manos cálidas sobre las mías
y volver a encender la llama
que estremeció aquella pista.

Deseo saber quién eres y qué piensas
En un respirar conquistar tu sendero
Sentir la sonrisa y los latidos del otoño
de ese corazón incógnito sobre mi pecho.

¿Cómo traducir los jeroglíficos de tu nombre?
Si la búsqueda de tus misterios
en cada luna se hace eterna.
Tú le perteneces a la noche.
Mientras yo al asilo del whisky
y sus mares.

Quiero soñar que está aquí
que la música acaricie tu presencia.
Solo viva en mis versos
y en la esperanza de elevarte
a tocar el cielo y sus claveles.

Copas sin clemencias arrugan mis dedos

Mientras estoy solo,
quieto,
y siendo.
Un caballero sin título que añora,
un aroma sublime que no regresa.

Colección Poética LACUHE 2024

Imperfecta Figura

Samuel Acosta Ynoa

Enciendo la tele
y mi espíritu se estremece.
Adormeciendo el habla.
Absorbiendo sin control mi aliento.
Nubes tristes de sombrío abrazan todo mi templo.

Percibo
me detengo
siento...
Siento como si fuese que mi alma la están sacando de mi cuerpo.
Siento frío,
siento que me incendio.
Soy una ceniza en pena y perdida en un invierno largo de pensamientos.
Sólo veo un reflejo no deseado en todos los espejos.

Cuerpo mío
no te quiero.
Deseo ser como ellos.
Anhelo
sueño
un cuerpo perfecto.
Un mosaico tan admirable.
Querido por todos aquellos innombrables.
Détente, reloj
detente.

Mi cuerpo sigue cambiando.
Una cabeza como planeta
en donde no habita ninguna belleza.
Pelo crespo no bailable con el viento.
Détente, reloj,
detente.

Mi cuerpo sigue evolucionando.
Cicatrices blancas se van tatuando en mi piel mulata
tan profundas como un cañón,
distinguidas desde la distancia.
Disfrazando toda mi piel con telas finas para evitar las miradas.
Detente reloj,
detente.

La brutalidad del tiempo sigue azotando lentamente mi cuerpo.
Lagrimas brotando de mí
anillos oxidando con sus caricias todo mi hierro.

Belleza tan pasajera
como una gota de agua absorbida por la tierra.
Soy esa piedra negra fundida en el verano de esa idea.
Nacida con fin de ir en contra de mi naturaleza.

Se apaga la tele.
Y la seducción a la guerra,
aún continúa...

Colección Poética LACUHE 2024

Convertida en huesos

Samuel Acosta Ynoa

El Cometa de Egipto ha viajado por todo el Universo. Miles de estrella han caído en el canto a sus pasos en el tablero. Una por una se han llenado de regocijo ante la puerta de tesoros y sus secretos. Nadie ha podido detener la tormenta del deseo. Gestos en polvo son devorados como el papel en el viento por los gusanos. Él siempre ha salido victorioso, sin embargo, entre los felices cadáveres blancos apareció ella, trayendo consigo los latidos de una guerra inminente.

Una estrella blanca se sentó frente a él. Con altitud de cascabel ajitamba su cola en la búsqueda de un pan viejo, llamado «la victoria». Durante la batalla de dos colores, no se distinguió el abismo en los cuadros. En silencio lentamente cayeron unos que otros peones, alfiles, torres y caballos. No les interesaban los muertos, sólo el placer de seguir avanzando y descubrir quién dominaría el cosmo. Ni siquiera una paloma se asomó sobre la madera de campo.

El Cometa colmado de miles de años sobre sus pestañas sudó un río de sangre del ego ante su rival. Mientras una tumba tibia, desierta y con hambre velaban las balijas que caerían para hacerlas tierra. Sin embargo, él no renunció a poseerla y mantener su reinado. La estrella blanca toma un paso. Pero ese paso no era cualquier paso, sino el mismo paso, que daría el inicio a su derrota. Un aire de angustia resonó en su alma. Y una sonrisa de muerte se dibujó en los ojos del Cometa.

Así termino la historia de la estrella blanca. Domada y convertida en huesos. El Cometa del Egipto continúo su viaje galáctico en búsqueda de otra estrella.

Colección Poética LACUHE 2024

El Anillo

Samuel Acosta Ynoa

Knock knock... Knock knock...

Ruido leve en la antigua puerta.
Golpeada por el tiempo de piedra
y consumida por el silencio
 de las termitas del olvido.
—¿Quién es?
 Pregunta un curioso anillo
sosteniendo aserrín rubio
de recuerdos perdidos.

Mientras en el inframundo
descienden plumas doradas
anunciando con sus aleteos
al Fénix y su regreso.

—¿Qué buscas?
Sutilmente resuena entre labios
sin esperar ser ignorados
como el canto de un ruiseñor.

El pintor silencio
pinta su rostro de payaso
como aquel momento
que ilustró amor en un desierto.

Los ojos del anillo
se llenan de fuego.

y emerge entre sus dientes
un ambiente de verdades.

¿Quién crees que eres?
Mi fe ya no es obediente
al néctar utópico que ofrece
aquella rosa extinta.

Ya no soy lienzo tibio
que levantó los vidrios
de tu corazón frío
que se calentaba con otro.

Vivo seis pies debajo
de la realidad.
Para ti,
solo fui el segundo personaje.
Solo fui
el anillo que unió dos grandes ríos
y besó el abismo.

Neblinas confusas rodean mi bohío.
Fénix renace detrás de mi puerta
buscando un milagro.
Estoy congelado en el tiempo
sosteniendo el aserrín de recuerdos
¿qué hago?

Knock knock... Knock knock...

La puerta cerrada quedó.

Colección Poética LACUHE 2024

Soy Black, I am Negro

Samuel Acosta Ynoa

Soy black, I am negro.
Soy ese chico mestizo con raíces en África.
Mis labios gruesos están llenos de vida. Son el lago de agua tibia donde el cuerpo de mi alma gemela puede nadar sin peligro.

Soy black, I am negro. Mi cabello afro tiene el color de la tierra donde se siembra la vida.
Mi piel es un camino desencadenado de historia y cultura.

Soy black, I am negro. Mi color de piel es como la noche, que baila con alegría junto a la luna en el agua dulce y cristalina de un oasis. Juntos, meciendo tiernamente la mitad del mundo en una silla de madera hasta quedar dormidos.

Soy black, I am negro. Mi nariz ancha y grande tiene una belleza que no se compara con un rubí.
Los huesos de mis antepasados han construido civilizaciones enteras de madera, cemento, piedra, metal y han creado hogares para todos los habitantes.

Soy black, I am negro. Mis ojos marrones son estrellas que reflejan la eterna belleza de mi alma.
Mi color de piel es el templo lleno de luz, vida, esperanza, sueños y grandeza. Es mi hogar...

I am black, soy negro.

Nilton Maa

(Lima, 1988). Tusán de segunda generación. Publicó las novelas *Imperio de sombras* (2020) y *Cuando muere la niebla* (Editorial Trotamundos, 2022), así como el poemario *Mientras caen mis hojas* (Editorial Cascada de Palabras, 2021), se encuentra próximo al lanzamiento de su nueva colección de poemas titulada *¿Qué bestia escoges hoy para morir?* con Nueva York poetry press. Como gestor cultural trabajó diversos recitales en su ciudad natal: Lima, los cuales se centraron en la expresión poética de la comunidad tusán y nikkei; creó el canal Presencia Oriental a través de la plataforma Youtube, espacio donde muestra proyectos y actividades de diversos artistas pertenecientes a su comunidad; creó y gestionó el podcast Poesía Tusán, desde la voz de sus autores (dos temporadas) y co-dirigió el círculo de conversaciones Voces desde El Silencio, en colaboración con el Museo de Queens en la ciudad de Nueva York;

actualmente, escribe para la revista Nueva York Poetry Review. Sus poemas han sido publicados en diversas antologías y revistas literarias internacionales. Fue finalista en el concurso de poemas El Mar, organizado por la Oficina Económica y Cultural de Taipei en el Perú y segundo lugar en el concurso de microrrelatos La cruda brevedad.

Literatura en tiempos de colapso de la prestigiosa revista literaria La Ninfa Eco.

Donde estuvo mi casa

Nilton Maa

La tierra
sobre la que corrí
se ha vuelto asfalto,
y embadurnaba mis piernas hasta cubrirlas,
así como golpeaba los fogones
bajo las ollas repletas de sopa caliente;
comimos de ella hasta el hastío,
hasta engordar los albañales del llanto.

Nuestros árboles
perecieron.
Los vetustos cerros promulgan la aridez,
la seca entraña de un hombre con el sueño
de volver a la única heredad suya.
¿Habrá sido gris al imaginarla?
porque fue verde, fértil, y fue verbo en pretérito
que no contempla mi propio recuerdo.

Hoy mi casa es la más pequeña,
y de sus muros arruinados caen semillas,
pequeños cristales híbridos como yo;
de ellos, nacen quimeras sembradas en tierra muerta
que se resignan al relego de una sombra,
porque la luz también ha sido vedada,
olvidada entre los surcos de la memoria,
en tus manos socavadas por el tiempo.

El idioma de mi tierra vino de muy lejos,
y me vio crecer ignorante y sumiso,

me vio migrar como migraron mis ancestros,
como migraron mi padre, mi madre y mis hermanas;
como migro yo, aún sin lengua y sin amor,
porque el amor es de los ricos,
y yo soy tan pobre
que el alma no me alcanza.

Recuerdos Marchitos

Nilton Maa

Crece la niebla en la memoria.
Más allá del poniente caigo
por un abismo de zozobra;
hay dudas que se elevan desde mis pantorrillas,
a partir de antiguos temores que se agitan
en el vacío de algún tiempo no vivido.
Una vida que fue mía y reclama,
me devora y me escupe en esta tierra.

Lo importante
  se
  me
  escurre

     .
     .
    .

Oigo el eco de los charcos,
el chapoteo de un recuerdo
     que no alcanzo.
Ondas en el barro
se reflejan en mis espejos
como pequeños cristales
que no escapan de la desventura,
que no me guían entre estos tormentos;
me abandonan,
   como la voz
temblando entre las cuerdas.

Trepa el silencio por la corteza.
Soy un árbol desnudo
cayendo en el camino,
una noche incontemplada por el destino
que perece como un aullido,
un grito en este bosque de espíritus.

Seres olvidados entre lamentos,
caen sobre la herida del tiempo
para perderse, inconsolables,
entre los miedos que sentimos en la piel;
sin nombre,
se escabullen dentro de la niebla
de una mente incapaz de recordar.

Ahora

Nilton Maa

Un recuerdo inevitable
se desprende de mis brazos;
girando cae y se desgarra,
abriga el camino marchito
que no conduce a nada más
que al recuerdo tortuoso
de algunos días en que pude ser
y tan solo anochecí.

La sombra del obelisco,
sorprendida,
suelta frente a mi paso
mi recuerdo,
la memoria estancada,
el eco vacío
reflejado
allí donde la superficie
repite y repite
que ese fui yo,
aunque no me reconozca.

¿Quedarán las hojas de aquel invierno
allí donde mis ojos no alcanzan,
en ese profundo vacío construido
por nuestras lágrimas?

Este reflejo que observo,
mi rostro distorsionado

por el suave
vaivén de la corriente;
me reitera que sigo siendo
aquel espíritu sin rumbo
que un día llegó
para ser olvidado.

Pero al insulto
de este recuerdo
le digo que no.

Esa vida que fue mía
sigue latiendo en el vano oficio
de recordar la tristeza;
mientras camino, la observo
y me digo
nada de esto que vuelve conmigo
podría abrigarme
de tu próximo invierno,
sin el tiempo vivido,
sin haberme perdido en estas calles
que hoy he vuelto a reclamar.

Me voy, DC,
te dejo cada hoja caída,
cada árbol marchito
para volver al hogar que me añora,
con este nuevo latido y mi sonrisa.
Volverte a ver
ha sido observar el sendero,
recontar las heridas acumuladas
y decir:

qué lejos estuve
 y que cerca estoy ahora
 de mi verdadero
s
e
r
.
.
.

Colección Poética LACUHE 2024

La mentira

Nilton Maa

Frente a mi puerta aguarda el vacío;
lo acomodo en el lado derecho,
justo donde termina la escalera,
para tomarlo con rapidez,
al volver a cruzar el umbral
hacia mi mundo pequeño.

Sobre mi rostro he cubierto la carencia:
la maquillo con sonrisa y mirada de perfil,
con voz segura y perfecto vestido,
para que nadie sepa cuánto pesan mis adentros,
donde residen las partes rotas que conjugan mi ser endeble.

Nadie observa la cicatriz que llevo en el pecho,
por debajo de la carne,
en el medio de esta sustancia mutilada.
Nadie se atreve a tocar la superficie rugosa,
el calor adolorido de mis pálpitos,
el residuo de un dolor que cargo solo
porque el mundo no comprende.

La mentira en mis palabras
solo fue para esconder mi hambre,
el deseo de un cuerpo sincero,
de la caricia que esparce una lágrima
y de unos ojos que miren por dentro,
sin encontrar grotescas mis heridas.

Frente a tu fuego

Nilton Maa

En mi universo,
es inevitable el contacto con lo oscuro,
a pesar del fulgor de alguna estrella,
del reflejo incandescente
de los astros fugaces,
iluminando el camino hacia el olvido.

En la quietud del silencio,
hago de mi cuerpo un nudo,
cierro los ojos y me olvido,
me deshago de esta angustia
para contarme alguna historia
que solo llega al final
en la ilusoria ficción
en que convivo con esos deseos
desorbitados y completamente ajenos.

Sin embargo,
he despertado envuelto en ti,
en tu cuerpo incandescente;
la ilusión
del fuego estelar
de un amor destinado al fracaso,
donde mi cuerpo oscuro
se ilumina, con tus ojos,
para observarse
y encontrar
que no soy más

que una conciencia invertebrada.

Espacio irracional
entre mi boca y tu deseo,
caliente superficie donde descansa
el sonido transpirado de mi voz callada;
aquí, también, convoco a los temores,
los miedos físicos impuestos en mi mente,
porque por fuera parezco inmenso,
pero por dentro se mueve
el fino cuerpo de la duda.

Me aferra tu mano con ruda delicadeza,
saboreo las texturas
y los pliegues que te inundan;
absorbo, de ti, un poco más que tu calor,
un poco más de quien puedas ser.

Te entrego también el faro de mi noche,
lanzando luces en el vacío
de mi cuerpo henchido de tus ansias,
el brillo de mis ojos
al contacto de tu lengua,
algún gemido exagerado
con el que recuerdes mi voz
y, finalmente,
el oscilante
movimiento
de mis membranas
frente al apremio de tu c a r n e d e s n u d a . . .

Charco atemporal

Nilton Maa

La lluvia amenaza con fluir en mi parquet.
Escucho debajo de las tablas,
como un río atraviesa el ruido de mi cuerpo vacío.

Mi cama de papel se reduce en esta esquina,
Mi aliento escapa con pesadumbre,
Se agita en el improperio del clima
Para volver sobre mis ojos temblorosos,
Asustados aún por el espanto de saberse inútiles.

Colchón encharcado,
Recargo mi cuerpo en la humedad cálida
De mi ansiado temor.
Trato en vano de enumerar mis fuerzas,
De recordar ese espacio interno,
Rebuscando en el vacío.

El tiempo ha terminado,
El miedo duele en este músculo interno,
Cae la ventana
Mi cama endeble se deshace amorfa conmigo en ella,
Disuelvo mi vacío, este cuerpo atemporal,
En la corriente creciendo sobre mí
O desde mí.

Gustavo Franco

Nació en Santo Domingo, República Dominicana. Obtuvo en 1978, el título de Perito en Electrónica Industrial del Instituto Politécnico Loyola de San Cristóbal. En 1985 se graduó en ingeniería en el Instituto de Telecomunicaciones de Leningrado, URSS. Reside en Estados Unidos desde 1989. En 1995, obtuvo una Maestría en Educación Bilingüe en The City College of New York. Durante 26 años trabajó como maestro para el sistema educativo público de la ciudad de New York. En la actualidad es educador en The children's Village, una organización sin fines de lucro.

Colección Poética LACUHE 2024

Olor a ti

Gustavo Franco

En un colorido cuaderno
con sus hojas rayadas
como simulando calles
yace la gran ciudad.

Con tinta sus edificios pintados
la gente cruza y vuelve a cruzar
los parques, los puentes, las calles
con su aroma peculiar.

Tú, de América la primada
escrito sobre líneas tu pasado reposa
impregnada de colores, llena de sabores
llevando al mundo tu personalidad.

Tu gente desafiando el futuro
sembrando en los márgenes
escribiendo con hambre
plátano, yuca e igualdad.

Café, aroma diario de mi ciudad
erradicando las drogas
plantando un árbol
cada día al despertar.

Multiplicando la vida en cada página
ganándose el peso con esperanza

pensando que al final del día
en dólar se convertirá.

Rayas, rayas por doquier
todas convertidas en gente
una página tras otra
cubierta por el mismo mantel.

Una ciudad plasmada de colores
donde negro y blanco
se han de juntar
en aromas como arco iris final.

En un colorido cuaderno
yace la gran ciudad
con rayas de miseria
con páginas de bondad
viviendo en opulencia
su gran desigualdad.

Al revisar cada página
veo tus rayas placenteras
siento tus aromas de ciudad
Santo Domingo
cada día te añoro más.

Colección Poética LACUHE 2024

Dominicano

Gustavo Franco

En la historia fuimos dominicanos
éramos humildes, trabajadores y respetuosos
todavía hacemos lo mismo
y otras cosas de la que no estamos orgullosos.

Hoy somos dominicanos, un poco diferente
venimos de Suramérica, de Centroamérica,
del Caribe, de Europa, de África, de Norte América,
de Asia o somos hijos del país colindante.

Somos más que dominicanos, una raza internacional
que ayer rendíamos honor a nuestros signos patrios
por ejemplo, a nuestra bandera
hoy veneramos con un culto a la extranjera.

Recuerdo que en el transcurso de mi niñez
celebrábamos el día de la Independencia, el día de Duarte,
el día de la Virgen de la Altagracia, el día de Reyes,
el día de la Raza de un desconocido.

Ahora, no entiendo cuándo cambió la historia
hoy celebramos el día de Brujas
el día del Orgullo Homosexual
el día de Acción de Gracias.

Cuando me preguntan de dónde soy
digo que soy dominicano sin titubear
aunque a veces pienso
¿será el gentilicio correcto a usar?

Hoy me acuesto a dormir
con toda naturalidad
pero me preocupa si despertaré
con otra nacionalidad.

No sé si usarán el mismo truco
como sucedió en Tejas
que sin cambiarle al techo las tejas
la frontera los cruzó.

Otro ser

Gustavo Franco

Quisiera nacer de nuevo
permitir los errores que nunca cometí
enamorarme de la vida
antes de morir.

Nacer de nuevo
vivir mi futuro
inventarme un presente
ignorar el pasado.

Cultivar neuronas
adoptar un cerebro
inventar pensamientos
borrar ideas.

Reinventar el amor
en tu piel desnuda
y nacer de nuevo

Para ti
Creación

Dios creó a Adán
quien con su sana intención
embarazó a la bella Eva
y trajo a la luz

una serpiente humana.

Desde ese momento
el mundo comenzó
a llamarse manzana
y... a podrirse.

Colección Poética LACUHE 2024

Elección

Gustavo Franco

Eva, si yo fuese Adán,
no necesitaría
una manzana
para pescar.

Estoy seguro
que cualquier fruta
me hubiese llevado
a tu paraíso.

Después de todo,
la serpiente
fue solo
para impresionar.

Libro Único

Gustavo Franco

Eres el libro de la sabiduría por excelencia
tus páginas son un mensaje de amor.

Cada capítulo tuyo
es una esperanza a la dedicación
y cuidado de la vida.

Siempre recurro a ti
para buscar un consejo
o una enseñanza.

Transcurrido el tiempo
el deseo de leerte
crece más.

Si algún día te pierdo,
en mis pensamientos
quedará una hoja marcada
donde se podrá leer.

"Madre, tú eres el libro
que inspira mi vida".

Solángel Román

Es catedrática de la Universidad Autónoma de Santo Domingo.
Escritora, poeta, miembro del grupo literario: Mujeres de Roca y Tinta, Directiva de la Asociación Nacional de Escritores, Centro PEN de República Dominicana, antóloga, expositora y gestora cultural. Actualmente es la Presidenta de la Liga Hostosiana, Inc.

Organiza múltiples recitales poéticos. Ha participado en innumerables encuentros literarios, dentro y fuera de su país.
Es eterna peregrina en la búsqueda de la auténtica expresión.

Innombrable

Solángel Román

Repaso mi memoria,
tiernos recuerdos, sumergen mi espíritu,
en etéreos momentos.
Se deslizan los sueños,
se caen los anhelos.
El tiempo ralentiza mi piel,
conmuto mi sentencia,
camino en sentido contrario a mi yo innombrable,
lleno de huellas, de tristeza en mi piel,
con un rictus de vaguedad mental.
Calafateo cada fisura de mi alma,
le dibujo mariposas a este invierno inevitable,
que clama desmedida pasión,
para este pasado mustio,
de mi innombrable yo,
la vejez.

Febril Pudor

Solángel Román

Intrépidos besos,
que, con febril salutación,
navegan al ritmo de la lluvia,
empapando mis sentidos,
cual luz del alba,
entre inconclusos suspiros.
Hinchada el alma,
de tu infinita senda, con pasos ciertos,
hacia un mar de fulgentes sensaciones,
que irreverentes,
avergüenzan mi pudor.

Noche Gris

Solángel Román

Mi sangre caliente,
me sumerge en bravías olas de dolor,
hierve por ti,
solo he sido tuya,
inmenso y gris silencio
cubre mi cuerpo.
Cuántos sueños mutilados.
Qué fría e indiferente es la celda del dolor.

Cómo volar de nuevo,
sobre el iracundo mar,
si volar es imposible,
solo volé por ti.
Mis alas desaparecieron
una noche gris.
Una noche cualquiera.
Solo una noche de luto ensombrecida.
Una noche, que un
frío desgarrador penetró mi alma,
dibujando insondable cicatriz
que no ves,
y solo yo siento.

Un Todo que Gime

Solángel Román

Juntas por la misma senda,
porque somos una,
somos todas.
Sin fronteras,
con la piel humedecida,
henchida de un sublime acopio de tu alma y la mía.
Acopio de ternura,
hermandad,
compañía en la aventura de ser,
como tú, como yo.
Empapadas de alborozo,
tenerte, tenernos,
aún si te conozco o te imagino.
Eres parte de un todo,
que gime justicia,
proclama verdad.
Verdad en tu mirada,
en tu dolor, que reclama un insondable
y tangible mundo habitable,
que no desgarre ni olvide,
tu sino y el mío,
porque,
cada muerte duele.
¡Cómo duele!

Mi Sino

Solángel Román

He pintado mis uñas
y forjado mi destino
en oscuros nubarrones,
que hilvanan mi alma,
entre brumas y desdichas.

He pintado mis uñas,
para darle vida y color a mi sino,
pero no he podido pintar mi dolor,

mi amargura.

Quise de anhelos vestir
mi alma.
Le compré un nuevo sueño
con hermosas ilusiones azules,
con alegres y tiernos besos.
Y en mi agitada angustia
coloqué sutiles ojos,
delineados
y salpicados de esperanza.

"Ola Soberbia"

Solángel Román

Eres suave brisa de olas del mar.
Como ola soberbia te levantas
de la infinita superficie,
percibiendo en tus ojos,
desafío de delirio y verdad.
Eres canto de gloria que oprime el alma.
Tempestad que crea, renueva,
que eterniza razón.
Eres plenilunio de vida,
que envuelve tu espíritu de eterno amanecer
y te despierta esperanza.
Porque eres voz, conciencia, mujer.

Colección Poética LACUHE 2024

Cristián Camilo Bolívar

Nació el 15 de febrero de 1996 en Menguante. Desde muy pequeño empezó a escribir con un pequeño cuento ya perdido, llamado *el corbatudo*. En el 2018 empieza a escribir poesías, que son publicadas en su primer libro *Poesías en umbría*. Desde entonces decidió perderse en el oficio de la escritura, publicando nuevas obras en años posteriores, con un proyecto editorial llamado Mentes Ocultas y Bardas, que tiene como objetivo dar a conocer conocimiento para mejorar como seres humanos y así transcender nuestra esencia. De este modo se han publicado 6 obras, entre cuentos, poesías y novelas, las cuales son: *Los registros de un arlequín, Entre engaños e instintos, El artífice de las letras, El conjuro de la luna roja y El silencio de Umbría*.

El Mar en un Burdel

Cristián Camilo Bolívar

Un día una estrella se enamora del mar en un burdel, sin embargo, lo que no sabía es que ella no era una meretriz, sino una mujer, desde entonces no surgió más que él desprecio. El mar quería ser libre y el sol brillar en su misteriosa belleza, ¿Por qué no surgió el amor entonces? porque todo fue un deseo, un placer que se contrae en sufrimiento. Porque pocos conocen el sabor salado de sus labios y la saliva dulce del vodka. Una efímera vagina que no viaja en ilusiones de engaños, sino entre las sonrisas del firmamento. No bastan los orgasmos para explicar esto, pero quien lo entienda sabrá de qué hablo. No es un gemido quien produce placer, como el volar entre diferentes paisajes. No es copular el problema sino los mundos que se frotan para unirse. El cosmos creando caos entre las piernas de una supernova que no para de bailar. No sé cuánto dure si unos minutos o unas horas, tal vez toda la vida, después vuelves al mismo sin sabor de esta realidad, aquella que llaman muerte. Ya no importa tu nombre ni verdad, pues nunca existió; solo un amor que siempre estará...

Colección Poética LACUHE 2024

Un teatro llamado vida

Cristián Camilo Bolívar

Pasan los días como un comienzo sin fin. Miradas que al disolverse se pierden buscando un reflejo en cuerpos que nada más muestran sus instintos, ya no existen almas libres, si no sombras condenadas a su existir. Todo es tan confuso como la realidad de las marionetas, que solo tienen un par de cuerdas atadas a sus pies. Aún sigo esperando liberarme de tal augurio para mirar más allá del teatro llamado vida.

El Peor Error

Cristián Camilo Bolívar

Me he dado cuenta que la humanidad ha caído en su peor error. Buscar el porqué de la existencia, y no vivir la simpleza que da la vida. Disfrutar del aleteo de cada mariposa, y meditar con cada sonido que por los mares se manifiestan. Si la humanidad conociera su esencia, se daría cuenta que las ballenas no cantan, si no equilibran la tierra. El día que se extingan la misma tierra se destruirá. Cada estrella, cada árbol y cada piedra, hasta el insignificante insecto tiene una función, así mismo hace parte de ti. No obsta con entender, si no existir ¡Tú no existes! Ya que vives en el vacío, que busca llenar con las experiencias más extremas. No obstante, sigues el mismo vacío, todo porque no entiendes que tú eres el paisaje, la luna, la tierra, el sol, el éter, el universo, dios, satanás, y todo lo que tus pensamientos perciben.

Tu eres la hoja seca como la flor del día que muere, y renace como otra flor al otro día. Eres todo y la nada a la vez, sin embargo, buscas amor donde no lo hay, ya que no es más que un deseo. Solo abre tus ojos, no los de tu rostro si no de tu mente, siente lo más sagrado que es tu respiración. El tic tac de tu cuerpo que cuando se acaba, ya tenía que haber cumplido tu misión, el que por años la vida te enseñó, y tú no aprendiste. Tú eres un dios, un creador y tu mayor creación es el arte.

Colección Poética LACUHE 2024

La sonoridad de mi sueño

Cristián Camilo Bolívar

Os diré mi sueño, mi verdadero sueño, aquel que al pasar 13 lunas se manifiesta. El suspiro del sol que se esclarece en las sombras, y dan la proporción áurea al girasol. Al que da brillo en el nombre de mi único amor. Una deidad que baila ante la magnitud de la feminidad y crea el erotismo de la sagrada montaña.
Mi sueño no es la ilusión de un deseo que se satisface con el placer del cuerpo y termina en engaños.
Así es como te levantas y solo esperas escapar de la falsedad de tus sentidos. Únicamente quieres dejar de ser cuerpo, para convertirte en la única alma que yace en el universo eterno.
La clave es dejar a un lado la mente, nada más divaga en pensamientos vacíos de una entidad inexistente. Ahí está mi gran anhelo, vivir de la no mente, dejar los juicios de la polaridad. No importa si es bien o mal, si es felicidad o tristeza, es inexistente. Si me agreden o felicitan carece de sentido, pues no me identifico con ello. Como el flujo del agua, los recuerdos se desvanecen, el pasado y el futuro se vuelven vacío, y solo el presente toma sentido.
Ya no hay quien odie o ame, mi único sueño es ser parte del infinito. Dejar mi cuerpo en el polvo del desierto, mientras mi alma conecta con el fractal de lo imaginable y desconocido. El principio y el fin, el todo y la nada, pues son lo mismo. Ya no importa ser humano, nada más la luz que ciega tus ojos al mismo tiempo que desaparezco en las

montañas con melodías de cantos. Tambores que terminan en encantos.

El final de la existencia del ego que llaman con mi mismo nombre.

Colección Poética LACUHE 2024

Busco una Luna

Cristián Camilo Bolívar

Busco una luna en el rincón de la perplejidad, aquella que vuela con colibríes y brilla con luciérnagas, que vuela con jaguares y respira selvas. Busco una luna en las cóncavas más profundas de la tierra y en el infinito del cielo, que como una niña busca espirales en las flores y acaricia roedores. Baila con cantos de abuelos y juega con el fuego.
¡Oh! Mi querida lunita, alma de mar, hija del sol, y amante de la tierra. Soy el poeta que busca en ti la belleza, y el sentimiento que me reconforta al sentir tu presencia. Seguiré tus pasos hasta la luz del único destello que te da vida. Andaré por montañas solo para ser tus metáforas.
Luna... mi querida luna, alma de mar, hija del sol y amante de la tierra, espero ser la supernova de tu cuerpo y la saliva de tus pechos, que termina en lo más sagrado que tengo para darte. ¡Amor! El sexo que como ríos fluye y desemboca en orgasmos. Da vida a los bosques y de nuevo la luna y el poeta vuelven a ser creadores, que como unión dan luz al universo.

Quinto Sermón de la Poesía

Cristián Camilo Bolívar

¡Nunca pronuncies mi nombre! En una noche de verano donde lobos buscan amar y donde las ovejas se pierden en mentiras, porque soy lo que llaman amor y no es más que una fantasía.
¡Nunca pronuncies mi nombre! Al besar, porque yo soy el amante de la verdad, y que busca supernovas, mientras espero la estrella que fue el suspiro de las sirenas.
¡Nunca pronuncies mi nombre! Cuando estés perdido en caricias. Y tengas en tus brazos la piel de una musa de cantos, porque soy el escrito que esta tatuado en esa piel.
¡Nunca pronuncies mi nombre! Cuando mires el abismo, porque yo soy el precipicio, aquel donde no tienes más opción que despertar.
¡Nunca pronuncies mi nombre! Cuando tus pensamientos sean caos, porque soy el que borra cada uno de tus recuerdos para que seas libre.
¡Nunca pronuncies mi nombre! Cuando estés ante una mirada dulce, porque destruyo tu realidad, para presentarte la felicidad.
¡Nunca pronuncies mi nombre! Cuando te obsesiones con un cuerpo lleno de vanidad, porque yo soy el que provee sensaciones a un clítoris en las montañas más lejanas de venus.
¡Nunca pronuncies mi nombre! Cuando te den alguna distinción, porque estoy en contra de los premios de la hipocresía.

¡Nunca pronuncies mi nombre! Cuando veas la aurora y no produzcas un mar de gemido salvajes, a la persona con la que siempre quisiste estar, porque brillo en el palpitar de cada vagido.

¡Nunca pronuncies mi nombre! Cuando quieras callar, porque soy los gritos de libertad que se escuchan en una plaza pública.

¿Quién soy? Se preguntan todo el tiempo.

Soy el único que baila con sirenas, como canto de guitarra.

Soy cada tecla del piano, que se resbala en los dedos de una mujer.

¡Mi nombre es poesía!

Y por favor no digas que eres poeta cuando no seas capaz de amar a la feminidad externa de la vagina. Porque te condenaré a una infernal soledad que otros llaman suicidio.

Fernando Gudiel

Nació en Nueva York el 11 de noviembre de 1973. Es integrante y fundador del Círculo Literario Letras Vivas de Virginia, así como miembro de la Academia Norteamericana de Literatura Moderna Internacional.
Ha publicado los poemarios *Lágrimas de pájaro cautivo* (Letra Negra, 2012), *Ritual rojo de primavera* (Indeleble, 2015) y *Mosaico de amores y atrocidades* (Tessellata, 2021); la *colección de relatos Zánganos de Xibalbá y otros inframundos urbanos* (Pukiyari Editores, 2019). Su narrativa aparece en la antología de relatos latinoamericanos *Voces desde el encierro* (Editorial X, 2021).

Vida Caracol

Fernando Gudiel

Lancé una bomba molotov a los tiranos y la palabra se hizo verbo del verbo, nació un anhelo y soñé que se unían a la lucha otros poetas, quienes soñaban que otros poetas luchábamos contra los jinetes del apocalipsis. Con fuerza descomunal nuestros versos debilitaban a las huestes del poder, algunos caíamos abatidos como esquirlas de bala, otros seguíamos en pie por la causa, era una guerra sangrienta y cruel, de pronto todo finiquitó. La oscuridad se volvió luz y los poetas recitábamos cantos al sol, bramábamos a los astros, la naturaleza era nuestra inspiración; pero la humanidad se aburrió de tanta paz, la monotonía de la vida nos asfixiaba; por tanto, clonamos nuevos tiranos, clonamos nuevos jinetes del apocalipsis, clonamos nuevos poetas y los poetas soñábamos con una utopía y recitábamos versos contra los infames, otra descomunal lucha comenzaba, otra vez en pie de guerra; y este mendigo poema se vuelve un círculo vicioso.

Tras el evento infausto

Fernando Gudiel

Hay un pequeño manatí
buceando en las profundidades
dentro de un vientre violentado.

La niña de los ojos de una niña
se empoza de tristeza.

Colección Poética LACUHE 2024

Retazos nostálgicos de marzo

Fernando Gudiel

Te estoy esperando en un punto infinito de la nada,
te amaré en un punto desconocido del todo.
          Ricardo Ravines Mondoñedo

En un remoto y enigmático lugar del país de las maravillas, con una noche estrellada y de calma; un dragón devoraba un buey. Mi alma en un estado de beatitud paseó por las montañas del suspirar hasta llegar a las praderas de Venus. La brisa de la noche me helaba, mis músculos estaban tullidos, con los vellos de punta. En sus ojos de ternura yo me perdí, mi diástole en su regazo posaba, una lágrima brotaba, mientras el agua termal de un manantial recorría mi cuerpo con sus manos.

Colección Poética LACUHE 2024

Los búhos melancólicos

Fernando Gudiel

Es otra triste y mística noche
es un recuerdo bajo la luna roja
me ahogo entre mares de ron
tengo otros aleros en la sombra
somos búhos melancólicos
enigmáticas aves de rapiña
devoramos estrellas fugaces
buscamos el olvido en las tinieblas
buscamos inventar la luna
creamos una memoria alterna
otra dimensión de vida
tal vez una utopía
creamos poesía de las sombras
creamos nuevos silencios.
Pasan y pasan las horas
hasta que la luz reinventa el amanecer,
pronto vendrán otras oscuridades
seremos otra vez los búhos melancólicos
volveremos a devorar pasados
volveremos a inventar la luz
seremos de otro mundo efímero.

Esperar por ti un silencio

Fernando Gudiel

No sé si esperar por ti
entre esta nostálgica noche
y el lánguido amanecer
no sé qué esperar
porque las luciérnagas flotan en el aire
las ramas de los árboles danzan solteras
las sombras son el viento sin cesar
y tu silencio es
un cementerio clandestino.

Ven...Acércate

Fernando Gudiel

Ven...acércate
que al oído quiero contarte un secreto
déjame decirte que cuando te veo
los vellos de mi piel se erizan
mi corazón palpita de prisa.
Que me encanta admirar
el movimiento en sincronía de tus caderas
como el aire juguetea con tus cabellos
y acaricia con ternura tus senos.
Me provoca tremenda fascinación
tu mirada nerviosa de excitación
tus pupilas dilatarse
perderse súbitamente en mis ojos.
Al caer la noche fantaseo con explorar
los tiernos embrujos que guarda tu piel
tus finos labios grana
tu paladar sabor a miel.
¡Que hechizo provoca en mí, olfatearte!
cuando el calor de tu cuerpo magistral
activa tan sensual fragancia de gardenias.
Déjame decirte dulcemente al oído
que quisiera besar tu cuello
con mis dedos provocar un destello
y quemarme contigo en una hoguera de pasión.
Déjame besarte el ombligo
navegar suavemente en tu vientre contra viento y marea
anclar en tus más profundos encantos.

Francisco Rodríguez Buezo De Manzanedo

Nació en Cajamarca, Perú, en los primeros años de la década de los cincuenta, cuando la ciudad aun no dejaba sus rezagos coloniales y era todavía pequeña y tranquila, apenas iniciada la modernización. Vivió gran parte de su infancia en la cordillera andina, al sur de la ciudad de Cajamarca entre el distrito de Cachachi y el valle de Condebamba. En un estrecho contacto con la naturaleza. Su carácter observador y perceptivo se marcará de manera indeleble con las profundas quebradas y ríos que corren en las montañas, planicies y valles y le dará una visión muy particular de la belleza y la soledad de esos hermosos parajes.

Colección Poética LACUHE 2024

Tardes de Invierno

Francisco Rodríguez Buezo

Tardes sin reposo
viento en alto
entre nieves y fríos
soledades
ríos helados
orillas secas
árboles quemados
por los fríos de enero
sin sosiego
sin calor
sin recuerdo
solo perfecta ausencia
llena de soledad
en aquella tarde.

Quebrada honda
así solo
ausente y relegado
mirando pasar el agua
en aquella quebrada
honda y solitaria.
Esa tarde con hambre y frio
recordé como pasan los días,
como pasan las horas y los meses.
Fue en el agua profunda
donde se perdió el espíritu

así en soledad
paso la vida,
como el agua de aquella quebrada
honda y solitaria.

Colección Poética LACUHE 2024

El olvido

Francisco Rodríguez Buezo

Hoy amanecí con alegría de mirar el cielo,
de mirar, no si el verde o el claro
El camino rojo y fresco con curva de herradura
porque así son los caminos
por mas que digan que la esperanza llega...,?
porque... ¡siempre estamos en el camino del olvido!
Pero el recuerdo de quienes amamos es más fuerte
que todos los olvidos...
Como el olvido de la peña
que nos lleva a la ternura del camino
del precipicio ausente
de la soledad de las tardes.

Atardeceres

Francisco Rodríguez Buezo

En la tarde
y solo en la tarde
hay dos horizontes
el del sol
y el de la luna.
El sol ya triste dice:
hasta mañana,
la luna sonriente
nos deja mirar por
reflejo, el claro celeste
del atardecer de junio
sin lluvia, sin humedad
que los cerros bañados
por el claro oscuro
nos hacen sentir
la infinita realidad
de la vida sin sol y con luna
porque en la tarde
hay dos horizontes.

El tiempo

Francisco Rodríguez Buezo

Van los días sin sol, sin viento
solo con un va y un ven de esperanza
cuando el día está tranquilo sin querella
solamente con tristeza...
Cuando dicen...
Digo....
Es un decir...
Que el agua esta triste
cuando va cayendo,
cuando va corriendo...
por su cauce
la estoy sintiendo...
suena cadenciosa, rítmica en la noche.
El agua va cual sentimiento
corriendo al mar tras la pendiente
sin que nadie la detenga.

Colección Poética LACUHE 2024

Mar y Arena

Francisco Rodríguez Buezo

Miro el mar con infinita ternura
en la tarde, con el cielo celeste oscuro
en el horizonte se unen para formar un todo.
El sol ya triste se despide en la tarde
lleno de belleza rosada candente
en cada instante se oscurece.
Las olas eternamente golpeando
la playa, la arena, el acantilado
van y vienen dejando su espuma.
El aire sopla en la playa, la arena
se desliza lenta y constante
hasta llegar a perderse en el agua.
Como se pierde la vida,
cómo se pierde el viento y la alegría
cómo, en fin, en un instante, la vida nos deja.
Húmeda cerca del agua, seca lejos de ella
la arena se va en el atardecer
pero regresa al amanecer.
Solo queda la huella
del mar en el atardecer
el sol, ya oculto no nos deja mirar.
nos dejó sin luz.

Gladys María Montolío

Dominicana. Licenciada en Psicología, mención Educación en Mercy College, Nueva York (1990). Maestría en Educación Bilingüe en City University, Nueva York (1995). Docente en la Junta de Educación de la ciudad de Nueva York por más de 20 años. Es escritora. Tiene varias publicaciones: *"Vivencias"* e *"Inmensidad"* (poesía para adulto), *"Arcoíris de Inocencia"* y *"El Oso pintor y otras fábulas"* (Infantil). Actualmente está publicando dos libros de género infantil. Ha compilado 8 antologías, Colección Poética LACUHE: I, II, III, IV, V, VI, VII y VIII. Es fundadora y presidente de The Latin American Cultural Heritage, Inc., organización sin fines de lucro, que tiene como objetivo, promover el arte y la cultura latinoamericana. Fundó LACUHE Ediciones con el objetivo de colaborar con la comunidad literaria a publicar sus libros.

En el año 2008 celebró el primer Encuentro Cultural Latinoamericano, el cual se ha presentado ininterrumpida—damente hasta la fecha. En dicho certamen se entrega el premio "PERSONALIDAD CULTURAL Y LITERARIA DEL AÑO", galardón que resalta a los más destacados gestores culturales de la diáspora.

En el año 2017, organizó la primera Feria Internacional del Libro LACUHE del Bronx, la cual también se realizó en año 2018, 2019, 2021, 2022, 2024.

Sensibilidad

Gladys María Montolío

Te regalo el azul de mi cuerpo
a veces impreciso
en este manantial de hipocresía
quizás la inclemencia del tiempo
y el retozo de los días
sean más precisos que yo misma
el rabiar del ir y venir de mis caderas
enloquece al horizonte
en tu mirada perdida
soy pieza infinita
de sensibilidad oculta
en el amor soy eterna como la piedra
que eterniza el sueño del mendigo
tu sensibilidad me intimida
la del mundo me aturde
y me entrego a ti
hasta fundirnos en luz.

Colección Poética LACUHE 2024

Distancia

Gladys María Montolío

Deshilando el tiempo
me acompañas en esta travesía
de reminiscencias
inusitados fáciles discursos
recorren universo de cuerpo...
mi cuerpo
sujeto tu mirada de fuego
en estos pechos sedientos
y acopio mis quejidos vertidos
al abandono
de áridas tierras inciertas.

Desmembrado

Gladys María Montolío

Susurros de aves despiertan mi Beethoven
melodías de grandes maestros se escuchan
se funden en riachuelos de cuerdas imaginarias
sucumben en el vacío de la soledad
surcos corren a mi vereda
atizando rezos de una vida que fenece
quedo deshecha
embriagada de silencios
hirviendo en torbellinos de lágrimas envenenadas
caen de rodillas suplicando
atisbe otro canto a la vida
que vivifique
un corazón desmembrado.

Colección Poética LACUHE 2024

Espinas de cristal

Gladys María Montolío

Ilusión que emerge
de miradas inquisidoras
minando mi cuerpo de incitación
lacerando memorias de noches en diluvios
noches sin luceros
ensangrentadas de pasión
disfrazadas de bostezos con espinas
sembrando olvidos de emociones
envenenados de cruces sepulcrales
así quedó la historia de la nave
que brillaba con luz propia
y que nos condujo al destierro de las cegueras
con veneno de la ceniza del tiempo
brotada gota a gota
mancillando mi espíritu
en vuelo de gaviota
que jamás aterrizará
mi alma se derrama en espina de cristal
hasta el fondo…
hasta el fondo de la hidrosfera.

Líbame

Gladys María Montolío

No mientas
déjame saber si la veracidad de tu algarabía
se convirtió en gotas de mancilladas alboradas
que la esencia de las caricias mutuas
fueron infinito torrente
que la vida se llevó
que fecundarán ríos de cristales fruncidos
en la pieza de Lladró que me regalaste
aquella tarde
líbrame del veneno de los insectos
en mi cuerpo inerte
que el oxígeno se libere de mí
por la ausencia de verdades marchitas
estrujadas en mi pecho de arena
liba mis lágrimas que se posan en mi instinto
suicida
liba mis palabras mutiladas por el agravio del dolor
no me engañes con miradas cabalgando de deseo
y rendidas en olimpiadas veraniegas
no permitas que duendes de la distancia
se apoderen de nuestros versos de pasión
no me engañes
no lo permitas.

Y Zas…

Gladys María Montolío

Mirada perdida hurgando en la yerba
divisé
diminuta
casi nada
fijó su mirada
sentí miedo
a su transparencia
que la hacía fuerte o endeble
continúo observándola
luce agresiva
no teme a nada
sentí mi pequeñez
ante la amenaza de ser herido
acercándome, pero distante
observé sus ojos brillosos
pero en el fondo, tristes
irradiaban como los de un bebé
amenazado por lo desconocido
o simplemente, buscando atención
"no me aplastes"
escuché su ruego
vi su cuerpecito pardo taciturno

buscando protección
"no me elimines"
intentaba escapar
en sus diminutos caminales
lentos y esquivos
mirando su derredor
continuaba suplicando lleno de terror
me mira
no entendía
yo tampoco
nuestras miradas
fueron poderosas
que a pesar de los miedos
nos fuimos acercando
más, más y zas...
nuestro roce fue inevitable
como inevitable fue
el fuerte aguijón que sentí
a su inminente contacto.

Estragos

Gladys María Montolío

Esta lluvia que no cesa
desgarra la tinta de mi velo
hace nido en mansión en mis pupilas
se agita con el viento de los recuerdos
y extingue llamas iracundas de cegueras enamoradas
palpitan en ellas claveles ensangrentados de recuerdos
se remolcan en lunas fosforescentes
caen como pinceles labiales en madrugadas deshonradas
la inclemencia de lo absurdo hará estragos
remolinos de huellas pisotearán y esfumarán
desertando guitarras de injurias intensas
involuntariamente desaparecerá.

Ana Rita Villar

Oriunda de santo Domingo República Dominicana. Desde pequeña manifiesta inclinación por el arte, la Música y todo lo que implica la expresión creativa. Ha realizado estudios de Licenciatura en Artes mención diseño de interiores, estudios superiores de Música, conservatorio nacional de música, Licenciatura en psicología clínica. MA. en educación Musical, MA. Arte y educación Intrapersonal. MA. Musicoterapia. Ha desempeñado diversas funciones en el ámbito cultural: maestra de educación artística y encargada depto. de artes colegio San Judas Tadeo, santo domingo. Cantora Coro nacional Dominicano. Maestra de Música, Ministerio de educación, escritora cuentos infantiles.

Colección Poética LACUHE 2024

Las cosas que nos habitan

Ana Rita Villar

Hay cosas que se dicen sin hablar
desde el silencio de una mirada
y hay cosas que pasan sin pasar
dejando mudas las palabras.
Hay cosas que moran en el alma
en lugares que nunca visitamos
y que un día decides penetrar
con los ojos vendados.
Hay cosas que suenan a lo lejos
en las profundidades de tu ser
que crujen como casas olvidadas
cuyos secretos aún no logras ver.
Hay cosas que te llaman
que aguardan
que te observan
que dan escalofríos en la piel.
Hay cosas de las que nunca hablamos
que gritan a plena luz del día
hay cosas que danzan en la noche
y nos envuelven en su fantasía.
Hay cosas que irrumpen muy adentro
como el viento que azota la marea
y se marchan de pronto, pero antes:
Su nombre estampan en la arena.

En la luz de tu mirar

Ana Rita Villar

El día en que llegaste, se despertó la vida
dos luciérnagas blancas, giraron hacia mí
me atraparon, me envolvieron
con aquella ternura, inocente y feliz.
Vi tus ojos, tu amplia mirada
observándolo todo a su alrededor
con avidez insaciable, queriendo asirse a la vida.
Divinidad, compasión, luz infinita,
pude ver en tus pupilas.
Parecías venir de un mundo muy lejano
portadora de sueños, portadora de amor
todo el que te miraba exclamaba extasiado:
¡Pero es una belleza, es la hija del Sol!
Deseo sumergirme en el mar de tus ojos
flotar hasta tu alma, embriagada de amor
y rodeada de flores, como Ophelia en el rio
cantar la melodía, que por ti resuena en mi interior.
No bastan las palabras, no alcanzo a pronunciar
ni en mil versos la gloria, que encuentro en tu mirar.
Suspiro, me embriago, me pierdo
y otra vez en tus ojos, yo me vuelvo a encontrar.
Son tus dos madre perlas, refugio de mi alma
mi jardín prometido, mi espacio junto al mar.
Quiero vivir así, al calor de tu abrigo
amalgamada por siempre: En la luz de tu mirar.

Colección Poética LACUHE 2024

Detrás de tu mirada

Ana Rita Villar

¿Qué hay detrás de tu sonrisa?
¿Qué hay detrás de tu mirada?
¿Qué hay detrás de tu silencio?
¿Qué hay detrás de tus palabras?
De tu gesto ensimismado
De tus pasos temerosos
Y de tu llanto silente
cuando todos se han marchado.
De esa tu esquiva mirada
Que casi nadie comprende
Y la timidez que llevas
Como una estampa en la frente.
A dónde vas tan callada?
Dónde te llevan tus pasos?
¿Y por qué tu corazón
está tan solo y cansado?
Cansado de tanto amar
y no ser correspondido,
¿prefieres no ver el sol,
ni oír cantar los grillos?
Ven renueva tu mirada
Ven, caminemos dormidos
Ven que yo quiero mostrarte
Que existen nuevos caminos.
Que hay ventanas que florecen
Y hay portales sin espinas.
Ven que yo quiero mostrarte

La belleza de la vida.
Ven, caminemos descalzos
Ven, contemos mariposas
Ven, que quiero regalarte
El perfume de las rosas.
Ven, que aún el tiempo perdido
Podemos recuperarlo
Ven y fúndete conmigo
En un deleitoso abrazo.
Ven que en el último instante
Tras la puerta del jardín
Tú y yo seremos uno
Podrás conocerme al fin...

Colección Poética LACUHE 2024

La dama y el cazador

Ana Rita Villar

Venía todas las noches
a buscarme el cazador
con su lanza y su elefante
me infundía gran temor.
Gran espanto yo sentía
cuando su rostro veía.
Se alejaba y se acercaba
yo en mi cama me encogía.
¡Una noche lo enfrenté
me le acerqué con valentía!
a los ojos lo miré
y solo era la cortina.

Laberinto de emociones

Ana Rita Villar

Sola en la oscuridad,
en penumbra absoluta
yo busco sin cesar
¿Dónde está la salida?
En mi laberinto de emociones buscaré
Hasta descubrir la luz, yo no descansaré.
En silencio me hago la pregunta.
¿Dónde, dónde,
se ha marchado mi voz?
¿Dónde, dónde,
es que vive el amor ?
Hojas secas volarán
una voz retumbará:
¡Despierta, despierta!
ha llegado el momento.
¡Despierta, despierta!
mira hacia el firmamento
Hay rostros que asechan tras la ventana
hay manos que buscan destrozar mi alma
hay un frio que brota dentro de mí.
Espaldas cansadas,
miradas gastadas
furia, miedo, dolor.
Nadie ira contigo al inframundo
Nadie busca ser tu maestro, ni tu escudo.
Estás solo y solo comprenderás
el poder que hay en ti

Colección Poética LACUHE 2024

Resplandece, renace
encuentra por fin la salida.
Hasta que logres verla
permanece escondida.

La patria soñada

Ana Rita Villar

Si quieres un país como siempre soñaste
solo debes seguir el ejemplo de Duarte
Confía que tu gente querida
ha encendido en su pecho la llama de la libertad.
Patria libre, patria hermosa
patria preciosa de mi corazón
el hogar donde nacen los sueños
y en mis versos se van a volar.
Marchemos, marchemos unidos
a la patria soñada por ellos.
Trinitarios, patriotas y amigos
que nos dieron su gran ideal.
Un día soñé un país
donde había educación
sus calles, muy limpias son
la gente sonríe feliz.
El sistema de salud
aquí es una realidad
y hablar de prosperidad
es algo común.
Yo también soñé
que los líderes eran honestos.
En las calles se andaba sin miedo
para todos había igualdad.
Debes saber, que si quieres lograr este sueño
lucharás con ahínco y empeño
hasta verlo hecho realidad.

Colección Poética LACUHE 2024

Patria libre, patria hermosa
patria preciosa de mi corazón
el hogar donde nacen los sueños
y en mis versos se van a volar.

Colección Poética
LACUHE 2024
Antología
de
Gladys María Montolío

Se terminó de editar en Junio de 2024,
en Estados Unidos de América.

Made in the USA
Middletown, DE
28 July 2024